Ein geheimnisvolles Land öffnet seine Pforten

Die Autorin

Mechthild Venjakob, am 29. April 1943 in Paderborn geboren, war 15 Jahre als Lehrerin im Schuldienst tätig. Zwei Jahre unterrichtete sie an der Deutschen Schule in Quito, der Hauptstadt Ecuadors. Ende 1980 kündigte sie den Schuldienst und löste ihre Wohnung auf, um sich die nächsten zwanzig Jahre dem Reisen zu widmen. Sie hielt sich überwiegend in asiatischen Ländern auf, aber auch in Australien, Neuseeland, den Vereinigten Staaten, Mittelamerika und Europa. Doch Asien mit seinen alten Kulturen und östlichen Weisheiten erkundete sie am intensivsten. Dort verbrachte sie insgesamt zehn Jahre.

Hilfsarbeiten in Australien, Neuseeland, Alaska, Colorado und England halfen ihr in den ersten zehn Jahren ihres Reiselebens über die Runden. Dann unterrichtete sie Deutsch als Fremdsprache an Instituten in Bremen und Hongkong und 1997 an der Chung-Ang-Universität in Ansong in Südkorea.

Seit 1989 reiste sie mit dem Fahrrad und machte mehrmonatige Radtouren in den USA, Südeuropa und in Asien: Sie radelte durch Indien, Thailand, Laos, Pakistan, Japan und immer wieder trieb es sie durch China. Drei Touren führten über das Qinghai-Tibet-Plateau. Im Jahr 2000 kehrte sie über Land nach Deutschland zurück. In neun Monaten legte sie 12700 Kilometer mit dem Fahrrad zurück und durchquerte dabei die Wüste Gobi in der Mongolei. Ein großartiges „Nomadendasein" ging zu Ende. Sie ließ sich in ihrem Geburtsort Paderborn nieder, um ihre Reiseberichte zu schreiben und über ihr Leben nachzudenken, das fantastischer war als ein Traum, den manch einer träumt.

Mechthild Venjakob

Ein geheimnisvolles Land öffnet seine Pforten

Chinareise – mit einem Abstecher nach Tibet

Bibliografische Information der Deutschen Nationalbibliothek:
Die Deutsche Nationalbibliothek verzeichnet diese Publikation in der
Deutschen Nationalbiografie; detaillierte bibliografische Daten sind im
Internet über http://dnb.d-nb.de abrufbar.

Umschlagfoto: Der Westsee von Hangzhou, Zhejiang
Fotos und Layout: Mechthild Venjakob

Herstellung und Verlag:
BoD – Books on Demand, Norderstedt

ISBN 9783839138755
Dieses Buch ist auch als E-Book erschienen.

Inhalt

People's Republic of China (PRC):
Administrative Divisions & Territorial Disputes

7

Die legendäre Vorzeit

6. – 4. Jahrtausend v. Chr.: Yangshao-Kultur

Etwa 3200 – 1850 v. Chr.: Longshan- und Shandong-Kultur

Etwa 2100 – 1600 v. Chr.: Xia-Dynastie

16. – 11. Jahrhundert v. Chr.: Shang-Dynastie

1122 – 221 v. Chr.: Zhou-Dynastie

> *Westliche Zhou-Dynastie (1122 – 770 v. Chr.)*
> *Östliche Zhou-Dynastie (770 – 256 v. Chr.)*
> *Periode der Frühlings- und Herbstannalen (770 – 476 v. Chr.)*
> *Zeit der Streitenden Reiche (476 – 221 v. Chr.)*

Chronik der Kaiserdynastien

221 – 206 v. Chr.: Qin-Dynastie

206 v. Chr. – 220 n. Chr.: Han-Dynastie

222 – 581 n. Chr.: Periode der sechs Dynastien:

> *220 – 280: Zeit der drei Reiche*
> *265 – 420: Jin-Dynastie*
> *420 – 581: Nördliche und Südliche Wei-Dynastie*

581 – 618: Sui-Dynastie

618 – 907: Tang-Dynastie

907 – 979: Fünf Dynastien und Zehn Königreiche

960 – 1279: Song-Dynastie

1279 – 1368: Yuan-Dynastie

1368 – 1644: Ming-Dynastie

1644 – 1911: Qing-Dynastie (Die Zeitangaben variieren je nach Quelle!)

Die Neuzeit:

1912: Sun Yat-sen, Gründer der Kuomintang, der Volkspartei, wird erster Präsident einer provisorischen Republik.

1921: Mao Zedong gründet die Kommunistische Partei. Machtkämpfe und Kriege folgen.

Am 1. Oktober 1949 ruft Mao Zedong die Volksrepublik China aus.

1966 – 1976: Die Kulturrevolution richtet sich gegen die eigene Kultur.

1976: Mao Zedong stirbt. Deng Xiaoping, sein Nachfolger, modernisiert das Land.

Vorwort

Als ich Ende August 1982 von Bangkok nach Hongkong flog, steuerte meine Asienreise auf einen Höhepunkt zu. Mich beherrschte nur noch ein Gedanke: Ich werde durch China reisen. Eine Amerikanerin, die ich in einer Herberge auf der Insel Penang in Malaysia traf, hatte mir die fantastische Neuigkeit mitgeteilt: »In Hongkong bekommst du ein Visum für China! Du musst keine Tour buchen, um in das Land einreisen zu dürfen!« Starr vor Erstaunen stand ich damals mitten im Zimmer und ließ die Botschaft ungläubig in mein Bewusstsein sinken, während sie mir den Rücken zukehrte und unbeteiligt in ihrem Rucksack kramte.

Ich konnte es kaum fassen: China sollte offen sein für Einzelreisende? Niemals hatte das Reich der Mitte – auch in meinen kühnsten Träumen nicht – auf meinem Reiseplan gestanden. Seit Jahrzehnten ließ es nur sorgfältig gewählte Besucher, die rund um die Uhr streng überwacht wurden, seine Grenzen überqueren. Nun sollte ich mich dort allein und auf eigene Faust bewegen dürfen? Was würde mir begegnen? Der »neue Mensch«, den Mao Zedong hatte formen wollen? Ein beschädigtes Land nach der Kulturrevolution, die vor sechs Jahren zu Ende ging? Maos Kampf hatte sich gegen alle Zeugnisse der Kultur gerichtet, gegen Traditionen, Sitten, Gebräuche und Religionen. War es gelungen, die Wurzeln zu kappen? Hatte ein Jahrzehnt des Vandalismus fünf Jahrtausende der Entfaltung auslöschen können?

Reiseführer in Buchform waren noch nicht auf dem Markt. Einige wenige Informationen erhielt ich von Rucksackreisenden in Hongkong, die aufgeregt aus China zurückkamen: Sie hinterließen Adressen der Touristenhotels, in denen Ausländer übernachten mussten, und gaben Auskunft über die Busse, die dorthin fuhren. In den Wechselstuben Chinas gab es Touristengeld für die Bezahlung von Hotels und Zugfahrten. Zum Besuch großer Städte wie Shanghai und Peking war ein Besucherschein erforderlich. Sobald die Formalitäten erledigt waren, durfte der Einzelreisende ausschwärmen. Einige Rucksackreisende missachteten die Bestimmungen von Anfang an. Sie fuhren ohne Permit in die Sperrzonen des Landes. Wurden sie erwischt, passierte nicht viel, die Polizei schickte sie zurück. Ich gehörte zu den Besuchern der ersten Stunde und war voller Neugier und Spannung.

Aberdeen, die schwimmende Stadt,
und der Hafen von Hongkong

Hongkong – Sprungbrett zu China

Tief in der Nacht hebt die Air India in Bangkok ab und schwebt drei Stunden später über dem Flughafen Hongkongs, der inmitten des Häusergewirrs in Kowloon auf dem Festland liegt. Die Sonne ist aufgegangen, die Inseln schimmern im blauen Meer. Die Wolkenkratzer an der Küste des Festlandes wirken wie eine Mauer vor den steilen Hügeln der Landschaft in der Ferne. Der Pilot streift fast die Dächer, ehe er auf der kurzen Landebahn steil und gekonnt aufsetzt. Eine scharfe Kontrolle findet im Zoll statt.

Bus 201 bringt mich zur Nathan Road, der Hauptverkehrsader Kowloons, die sich von Süden nach Norden durch die Stadt zieht. Im Chunking Mansion in der unteren Nathan Road befindet sich im 16. Stock das Travellers Hostel für Rucksackreisende, das ich ansteuere und in dem ich unterzukommen hoffe. Im Eingangsraum liegt eine Matratze neben der anderen auf dem Boden für diejenigen, die keinen Platz mehr in den Schlafräumen finden – ungemütlich, laut und von der Öffentlichkeit nicht abgeschirmt! Denis, ein Kanadier, den ich in Bangkok kennengelernt habe, läuft mir über den Weg und wir teilen uns ein Zimmer im dritten Stock des Hochhausblocks im Princess Hotel, das auch nicht die Welt kostet.

Denis, mein Zimmergenosse, will wie ich so schnell wie möglich nach China einreisen. In zwei Reisebüros erkundigen wir uns nach den Visabedingungen. Sie behaupten, Ausländer müssten eine Tour buchen, um ein Visum zu bekommen. Allein dürften sie nicht einreisen. Vom Flug bin ich noch müde und alles nervt mich, die Hitze, die Autoströme in den Straßen, die vielen Menschen, die sich über die Bürgersteige schieben und einander anrempeln, die vor Schmutz starrenden Treppenaufgänge im Chunking Mansion, die ich benutze, wenn der kleine, ewig überlastete Aufzug nicht kommt.

Erst am Abend bessert sich meine Stimmung. Die immer noch belebten Straßen glänzen im Lichterschein. Riesige Leuchtreklamen überspannen die Nathan Road. Von der Fähre, die zwischen Kowloon und Hongkong Central im Zehnminutentakt verkehrt, der Star Ferry, blicke ich über den Hafen auf die erleuchteten Wolkenkratzer und Straßenzüge auf der anderen Seite. Die Lichter ziehen sich die Hügel hinauf bis zum 550 Meter hohen Victoria Peak, dem beliebten Aussichtspunkt der Stadt.

Mit der Star Ferry setze ich am nächsten Tag nach Hongkong Central über. Trotz der vielen Leute, die die Fähre täglich benutzen, entsteht kaum

Gedränge. Sanft ergießen sich die Menschenströme auf die beiden Decks des weißgrünen Boots. Für viele Leute mag die Überfahrt der Augenblick des Verschnaufens im sonst quirligen Getriebe Hongkongs bedeuten, untermalt durch das beruhigende Tuckern der Maschine. Wir sind umhüllt von den Gerüchen des Hafens, die von Algen, vermodertem Tang und Ölflecken auf den Wellen des Hafenbeckens aufsteigen und die schwüle Luft der Subtropen durchsetzen.

Auf der Insel ragt ein Wolkenkratzer höher als der andere in den Himmel, moderne Shopping-Arkaden reihen sich aneinander. Eine alte, zweistöckige Straßenbahn quietscht die Des Voeux Road entlang. Zum Westen hin, außerhalb des Geschäftskerns, stehen die älteren Hochhäuser Hongkongs mit vor Staub blinden Fensterscheiben, die in grünen Eisenrahmen hinter Eisengittern stecken. Von den verwitterten Fassaden bröckelt der Putz, in den Fensterrillen liegt Schmutz. In den engen Seitenstraßen zwischen Des Voeux Road und Queens Road bieten chinesische Händler in Marktbuden tausenderlei Krimskrams an: Textilien, Taschen, Gürtel und Turnschuhe.

Später sitze ich im Dachgarten des YMCA in der Salisbury Road auf der Kowloon-Seite und genieße den unvergleichlichen Blick über den Hafen und auf Hongkong bei Nacht. Ich stehe auf und schlendere durch die Straßen. Plötzlich treffe ich Jim, einen Amerikaner, der seit sechs Jahren in Hongkong lebt. Er lädt mich ins feudale Regent Hotel zum Tee ein. Durch die riesigen Panoramascheiben des Restaurants schimmert das Lichtermeer der Stadt und ich komme mir vor wie in einem Planetarium, umgeben von glitzernden Sternen auf blauem Nachtgrund.

Mit der Trambahn fahre ich am nächsten Nachmittag zum Victoria Peak hinauf und blicke von oben auf die Wolkenkratzer, die wie schlanke Säulen vor den Hügelketten in der Ferne aufragen und den Hafen umranden. Das Hafenbecken geht über in das weite Chinesische Meer, das mit unzähligen Inselchen durchsetzt ist. Macao ist in der Ferne zu erkennen, die Inseln Lantau und Lamma stechen wegen ihrer Größe hervor. Frachter und chinesische Dschunken ziehen durchs Wasser, unzählige Schiffe liegen vor Anker. Dampfer tuten, Motoren brummen dumpf und Möwen kreischen. Gibt es einen schöneren Hafen? Auf der ganzen Welt nicht!

Im Peak Tower entdecke ich Restaurants, Läden und einen Dachgarten. Ich verlasse den Peak Tower und klettere auf der Mt. Austin Road zur Bergspitze hinauf. Der Sonnenuntergang beginnt. Eine blaue Dämmerung verschleiert die Sicht, dann bricht die Nacht herein: In Tausenden von Räumen gehen nach und nach die Lichter an, Hongkong erstrahlt. Um die Aussicht lange genießen zu können, laufe ich auf einer menschenleeren Panoramastraße den Berg hinunter. Der Weg zieht sich lang hin, zu lang, denn jetzt bin ich zu müde, um durch die Lichterstraßen Kowloons zu bummeln.

Die doppelstöckige Straßenbahn, die seit 1904 existiert, ruckelt nach Shankiwan im Osten der Insel. Einst war Shankiwan ein Piratenunterschlupf, heute liegt hier die zweitgrößte Fischerflotte Hongkongs. In Stanley auf der anderen Seite der Insel tummeln sich die Menschen an den Stränden der Landzunge. Ein großer Markt, den ich besuche, bildet das Textileinkaufsparadies des Ortes. Stand steht neben Stand, in den schmalen Gassen reiht sich ein Laden an den anderen. Außerhalb des Zentrums befinden sich die niedrigen Häuser der Fischer. In der Repulse Bay fallen die Hügel steil zum Wasser ab. Große und kleine Inseln ragen in einer anmutigen Meereslandschaft auf.

Im Vergnügungspark Lai Chi Kok stehen Karussells und Buden, Textil- und Essstände, Wahrsager lesen ihren Kunden aus der Hand und in einer Ecke trällern Sänger eine Geschichte für das Volk. In einem schmucklosen Saal erklingt die Musik einer chinesischen Oper. Für fünf Hongkong-Dollar sitze ich in der ersten Reihe. Ein Dreimann-Orchester spielt die für europäische Ohren eigenartige, chinesische Musik. Die Sänger zwitschern in hohen, kurzen Tönen, ihr Gesang ertönt als rufendes Schreien. Ein Liebesdrama spielt sich ab. Die verheiratete Heldin verliebt sich in einen anderen Mann. Als sie schwanger wird, muss sie in den Karzer, wie Gretchen in Goethes Faust. In den letzten beiden Akten spitzt sich das Geschehen zu. Die Kostüme der Sänger glitzern, ihre Gesichter sind wie bei Pantomimen grell und maskenhaft bemalt. Die Frisuren türmen sich hoch auf.

Die chinesische Oper entwickelte sich aus Gesang und Tanz des Volkes während der Tang-Dynastie (618 – 906). Sie vereint Instrumentalmusik, Gesang, Schauspiel, Pantomime, Tanz und Akrobatik.

Im gut gefüllten Saal geht es zwanglos zu. Jeder kommt und geht, wann er will. Es herrscht kein Dresscode. Die Leute unterhalten sich, wenn ihnen danach ist, naschen, schnabulieren und knabbern, holen sich etwas zu trinken und fläzen sich im Sessel. An den Wänden hängen Schilder: NO SMOKING! Viele rauchen, ich auch.

Am nächsten Tag komme ich auf der Star Ferry mit einem älteren Chinesen ins Gespräch, der fließend Deutsch spricht. Gemeinsam nehmen wir einen Bus nach Aberdeen, der schwimmenden Stadt der Wasserchinesen auf der Insel Hongkong. 20 000 Menschen leben dort auf Hausbooten, den Sampans.

Die schmale Bucht liegt voll mit Booten. Man schüttet sie zu, um Bauland zu gewinnen. Auf dem Festland rundum erheben sich eckige Wolkenkratzer mit Sozialwohnungen. Wir laufen die Marktstraßen entlang zum Aberdeen Square, überqueren die große Brücke und schlendern auf der anderen Seite durch die schmalen Gassen, die von baufälligen, einfach zusammengeschusterten Hütten gesäumt sind. In einigen befinden sich Werkstätten, andere sind bewohnt. Mein Begleiter zeigt mir das »Visa Office of China« in der Nähe von Aberdeen. Das gibt es also! Ich nähere mich meinem Ziel! China rückt näher! Vergnügt nehme ich die Straßenbahn zur Star Ferry zurück und falle im Hotel todmüde ins Bett.

Am nächsten Tag erkundige ich mich im Visa-Büro und verlasse es zutiefst enttäuscht: Es bietet nur Touren zu gesalzenen Preisen an. »Gehen Sie zu ›China International Travel Service‹ (CITS), Floor M, 2025 East Wing, Hotel Miramar, 134 Nathan Road in Kowloon«, empfiehlt die Angestellte. CITS, das Reisebüro, das es auch in allen großen Städten Chinas gibt, liegt in der Nähe meines Hotels. Gespannt frage ich dort nach. Ja, hier bin ich endlich richtig!

Man wird mir unter zwei Bedingungen ein Visum ausstellen: In der ersten Stadt meines Aufenthalts muss ich mich mit einem Reiseführer treffen und die Zugfahrkarte zur ersten Stadt meines Aufenthalts muss ich hier, bei CITS, kaufen.

Zurück im Hotel, durchstöbere ich Prospekte und Bücher: Wohin will ich überhaupt in diesem riesigen Land? Wie heißt mein erstes Ziel? Wie werde ich den lästigen Fremdenführer möglichst schnell los? Selten war die Planung einer Reise so spannend. Meine Wahl fällt schließlich auf Guangzhou, auf Kanton am Perlfluss. Die alte Handelsstadt, in der sich europäische Kaufleute im 19. Jahrhundert niederließen, liegt in der Nähe Hongkongs und soll der Ausgangspunkt für eine Reise nach Norden sein. Ich beantrage das Visum. Es gilt für 20 Tage und kostet 60 Hongkong-Dollar. Außerdem zahle ich 60 Hongkong-Dollar Buchungsgebühren, 52 Hongkong-Dollar für den Reiseführer in Kanton und 120 Hongkong-Dollar für die Zugfahrt, macht zusammen 292 Hongkong-Dollar, insgesamt etwa 70 Euro. Die Zugfahrten in China sind für Ausländer aus dem reichen Westen 75 Prozent teurer als für Einheimische. Mein Einreisetag ist der 15. September 1982. Ein Tag zum Jubeln!

Neben Kanton muss ich ein weiteres Reiseziel angeben und wähle Guilin, das inmitten bizarrer Kalksteinformationen liegen soll. Für diese beiden Orte bekomme ich ein Permit. Besucherscheine für andere Städte wie Peking, Shanghai und Xian würden anstandslos in China ausgestellt, sagt die freundliche Angestellte und zerstreut geduldig meine Bedenken. Außerdem könne ich zweimal eine Verlängerung von je zwei Wochen für das Visum beantragen. Bloß 48 Tage habe ich Zeit für ein Land, das fast so groß ist wie Europa. Aber Hauptsache, ich darf auf eigene Faust reisen!

China geht mir nicht mehr aus dem Kopf. Stunden verbringe ich in Bücherläden und durchstöbere englischsprachige Bücher über das Land. Ich blättere in Fotobänden und mache mir Notizen: Soviel gibt es zu sehen, die Orte liegen weit auseinander, meine Liste wird lang und länger. Da sind Peking und Shanghai, auf der Großen Mauer möchte ich spazieren gehen. Die Dreischluchtenfahrt auf dem Jangtse sollte ein Besucher nicht versäumen, die alte Kaiserstadt Xian wartet mit ihren Pagoden und ihrer Terrakotta-Armee. Gern würde ich einen Abstecher in den fernen Nordwesten Chinas nach Turfan in der großen Taklamakan-Wüste machen. Alles möchte ich sehen. Meine Reiselust, meine Neugier wächst ins Unendliche.

Zum Mittagessen gehe ich in das Yung-Kee-Restaurant, welches laut Fortune Magazin als eines der besten zehn Restaurants der Welt gilt. Es ist brechend voll. Die Chinesen sitzen in Gruppen von sechs oder sieben Leuten an den Rundtischen, auf denen viele Platten mit verschiedenen Gerichten stehen. Sie lassen die Essstäbchen über den Leckereien kreisen und greifen mal hier und mal dort zu. Eine der schönsten chinesischen Sitten beobachte ich, die auf den Gemeinsinn und die Einigkeit einer Tafelrunde hinweist. Ich bestelle »Dim Sum«, Häppchen. Die Kellnerin serviert mir schmackhafte Frühlingsröllchen und Krabbenbällchen, dazu noch süße Snacks.

Nachmittags hole ich meinen Pass mit dem Visum für China ab, kaufe Reiseschecks im American-Express-Büro und Diafilme in einem der vielen Fotoläden. Der Einreisetag naht, über alle Maßen neugierig breche ich auf ins Reich der Mitte.

Kanton am Perlfluss, China

Erste Chinareise:
Die Provinzen Guangdong, Guangxi und Yunnan

Kanton, alte Handelsstadt am Perlfluss

Am 15. September 1982 gehe ich mittags zum Bahnhof von Kowloon, um meine erste große Reise nach China anzutreten. Viele Gruppen drängen sich auf dem Bahnsteig, hauptsächlich Hongkong-Chinesen, die ihr Mutterland kennenlernen wollen. Auf der Brust tragen sie eine Nummer, damit niemand verloren geht. Um 13.00 Uhr fährt der Zug ab.

Ich sitze, wie alle Besucher des Landes, in der ersten Klasse. Der Zug ist klimatisiert. Spitzengardinen und hellblaue Samtvorhänge zieren die Fenster. Wir bummeln auf Schienen durch die New Territories. Plötzlich entsteht Bewegung im Abteil. Die Passagiere springen auf, zücken die Kamera und knipsen einen hohen Zaun – die Grenze zu China, über die der Zug nun rollt. Um 16.00 Uhr erreichen wir Guangzhou, die Stadt Kanton. Die Grenzformalitäten, die normalerweise am Grenzübergang Luwu — Shenzen erledigt werden, bringe ich schnell hinter mich. Schon bei der Zollkontrolle erscheint mein Reiseführer und spricht mich auf Englisch an: Geld brauchte ich auf dem Bahnhof nicht zu tauschen, das könne ich im Hotel tun, informiert er mich. Er hat es wohl eilig!

Draußen steht ein Taxi bereit. Es regnet in Strömen. Ich lade Jean ein, mitzufahren, einen Franzosen, den ich im Zug kennengelernt habe. Meinem Führer passt das gar nicht, er lässt es nur widerwillig zu. Wir fahren einmal um den großen Bahnhofsvorplatz auf die gegenüberliegende Seite zum Liu Hua Hotel und steigen aus. Das war er dann, der Dienst des Fremdenführers! Er verabschiedet sich.

Im Hotel tausche ich 100 US-Dollar (dem damaligen Umrechnungskurs nach etwa 120 DM, entspricht heute circa 60 Euro) bekomme dafür 193 Yuan Touristengeld. Für sechs Yuan ziehe ich in einen riesigen Schlafsaal mit sechs Betten. So viel Raum! Der Enge Hongkongs bin ich entronnen. An der Wand steht zwischen zwei Sesseln ein Tischchen, darauf ein Tablett mit Tassen, einer Dose mit grünem Tee und einer Thermoskanne voll heißen Wassers. Neben der Sitzecke lädt ein Schreibtisch zum Schreiben des Tagebuchs ein. Ich bin allein, setze mich in den Sessel, trinke eine Tasse Tee und mache mich sodann auf den Weg.

In der Empfangshalle des Hotels treffe ich Jean wieder. Zusammen marschieren wir in die Stadt. Auf den breiten Asphaltstraßen radelt ein Heer von Fahrradfahrern. Zwischen deren durchdringendem Klingeln dröhnen die Hupen von Bussen und Lastwagen. Nicht einen einzigen Pkw sehe ich, kaum ein Motorrad. Die Fahrräder aus Stahl haben keine Gangschaltung und keine Beleuchtung, weder einen Scheinwerfer noch ein Schlusslicht.

Wir laufen am Liu-Hua-Seen-Park vorbei, den eine Mauer umgibt, dann durch viele schmale Gassen. Am Ende einer Marktstraße stehen wir am Ufer des Perlflusses. Die immer noch stark belebten Straßen sind nur spärlich beleuchtet. Eine Frau unter einer Laterne hält uns einen Packen Geldscheine entgegen: Change money? – Wir möchten sicher unser Touristengeld gegen das echte Geld des Landes eintauschen. Unsere Gebärden sind eindeutig, wir kommen ohne Worte aus: Die Frau gesteht uns einen Gewinn von zehn Prozent zu. Sie drückt uns ihr gesamtes Geldbündel in die Hand, wir zählen ab, was uns zusteht und überreichen ihr unser Touristengeld und ihre restlichen Scheine.

Auf einer Wiese vollführt eine Gruppe älterer Männer und Frauen Tai Chi, das chinesische Schattenboxen. Die Gymnastik wirkt mit ihren fließenden Bewegungen wie eine Mischung aus Ballett und Karate. Der geistige Vater dieser Kampfkunst soll der taoistische Mönch Zhang Sanfeng sein, der zwischen dem 10. und 14. Jahrhundert in den Wudang-Bergen lebte. In vereinfachter Form entwickelte sich Tai Chi zum Volkssport. Die Anhänger nehmen den im Körper zirkulierenden Energiefluss wahr und lösen Blockaden in Körper und Geist auf. Tai Chi ist der sanfte Weg zur Kraft. Anmutig und mit großem Ernst führen die Menschen im Zeitlupentempo ihre Übungen aus. In diesem Augenblick sind sie Bindeglied zwischen Himmel und Erde und spiegeln für uns das alte China wider. Müde vom Laufen nehmen wir den Bus zurück zum Hotel.

Eine Stadtkarte und Prospekte mit Informationen über die Geschichte Kantons gibt es an der Rezeption. Guangzhou, wie die Chinesen Kanton nennen, die Hauptstadt der Provinz Guangdong im Süden Chinas, ist seit 2000 Jahren eine Handelsstadt. Der Hafen markierte den Anfang der »Seidenstraße der Meere«, die durch Südostasien nach Indien und Arabien verlief. Den ersten europäischen Einfluss brachten die Portugiesen 1514, die ihre Handelsniederlassung auf Macao im Delta des Perlflusses errichten durften. Spanier, Holländer und Briten kamen nach und Letztere eröffneten 1699 ihr Handelskontor in Guangzhou. Die Engländer kauften Tee, Rohseide, Porzellan und andere chinesische Produkte und bestachen die Chinesen mit Opium, als ihnen das Silber als Zahlungsmittel ausging. Es kam zu zwei Opiumkriegen. Im Jahr 1840 griff Großbritannien China mit über 40 Kriegsschiffen an und siegte. In den ungleichen Verträgen trat China Hongkong für 99 Jahre an die Briten ab und verlor damit einen Teil seiner politischen Unabhängigkeit. Bis zu diesem Zeitpunkt war Kanton der einzige Handelshafen auf dem chinesischen Festland, zu dem die ausländischen Händler Zutritt hatten. Auf der Insel Shamian im Perlfluss bauten sie ihre Villen und errichteten eine europäische Siedlung.

Der erste Versuch am nächsten Morgen, mit dem Bus zur Insel Shamian zu kommen, misslingt. Der Bus fährt zur Stadt heraus statt zum Perlfluss. Trotz des chinesisch-englischen Phrasenbuchs ist es schwierig, sich verständlich zu machen. Jean und ich sind umgeben vom Singsang der Chinesen. Die Bedeutung eines Wortes ändert sich mit der Betonung einer Silbe. »Shamian« – wie wird das Wort ausgesprochen? Wir singen es in allen Variationen, betonen die erste, die zweite, dann die dritte Silbe, rufen es und fragen: Shamian! Shamian? Schließlich verstehen uns die Leute.

Am Perlfluss steigen wir aus und betreten über eine kleine Brücke die Insel. Die großen, alten Gebäude wirken heruntergekommen, von den einst bunten Fassaden bröckelt der Putz, trotzdem künden die Villen von einer reichen, kolonialen Vergangenheit. Sie liegen im Schatten hoher Bäume und sind von Parks umgeben. Palmen und Akazien heben sich von rostroten Fassaden ab, Gummibäume blühen. Die Uferpromenade am Perlfluss ist belebt. Die Menschen, sommerlich gekleidet, viele Männer mit offenem Hemd, spazieren unter dem dichten Laubdach der Bäume. Wenn Bekannte sich treffen, gehen sie in die Hocke und unterhalten sich. Diesen Brauch gibt es auch in Indien.

In Reichweite der Insel Shamian fängt in einer Gasse der Qingping-Markt an, ein Fleisch- und Medizinmarkt. Seltsame Sachen gibt es im medizinischen Viertel zu kaufen, zum Beispiel getrocknete Schlangen, Seepferdchen und Fische, die hohe Gläser füllen. Sie werden zerrieben und Arzneimitteln zufügt, um ihre heilende Wirkung zu entfalten. Seepferdchen und Schlangen gehören zu den potenzsteigernden Mitteln. Neben Kräutern und Pilzen steht Baumrinde im Angebot. Wurzeln und gedörrte Geckos schwimmen in einem Sud, der Rheuma und Erkältungen heilen soll. Eine Frau hockt neben einer Kiste, diese enthält schwarze, sogenannte hundertjährige Enteneier. Sie hat sie einhundert Tage lang in Lehm, Asche, Kiefernnadeln und Spelzen eingepackt. Jetzt präsentieren sich Eiweiß und Eidotter geleeartig, dunkelgrün und schwärzlich. Auf dem Fleischmarkt nebenan sehen lebende Tiere ihrem Tod entgegen: Hühner und Hähne, Kaninchen, Hunde, Schildkröten und Frösche. »Die Kantonesen essen alles, was schwimmt, fliegt oder vier Beine hat, außer U-Booten, Flugzeugen und Tischen«, heißt es.

Wir machen unsere erste Bekanntschaft mit den öffentlichen Toiletten Chinas. Als Toilette ist diese Einrichtung kaum zu bezeichnen, eher als Abtritt, am besten aber mit einem Wort, das nicht salonfähig ist. Man betritt einen betonierten Raum, in dessen Boden ein paar Schlitze über einer Grube eingelassen sind. Wenn überhaupt, gibt es Trennwände, aber keine Türen. Chinesinnen, die die Einrichtung zur selben Zeit wie ich benutzen, kommen gelaufen, umringen voll Staunen die Ausländerin und gucken zu, wie sie ihr Geschäft verrichtet. Ansonsten erledigen sie ihr eigenes und halten mit der Nachbarin ein Schwätzchen. Die Häuser beträte ich am liebsten nur mit Gummistiefeln. Die chinesischen Schriftzeichen für Damen und Herren lerne ich sofort und vergesse sie nie wieder! Ein Lebtag nicht!

Schon gestern Abend kamen wir durch das Viertel, in dem inmitten des Gassengewirrs der buddhistische Tempel der Sechs Banyan-Bäume liegt. Er wurde im Jahr 537 gegründet. In der Großen Halle bewundern wir drei sechs Meter hohe Buddha-Statuen aus Messing. Shakyamuni, der historische Buddha, sitzt in der Mitte, rechts neben ihm Maitreya, der Buddha der Zukunft, und zu seiner Linken Amitabha, der Buddha des Unendlichen Lichts. Hinter der Großen Halle ragt die achteckige und neunstöckige Pagode der 1000 Buddhas aus dem 11. Jahrhundert auf. Jede Ebene ist einem Heiligen geweiht. Wir klettern bis ins oberste Stockwerk und blicken über das Häusermeer Kantons.

Einer Legende nach befinden wir uns in der »Stadt der Ziegen«: Fünf Unsterbliche schwebten einst, Getreideähren in der Hand, auf Ziegen vom Himmel herab, um die Menschen vor einer Hungersnot zu retten. Die Bauern nahmen das Korn, säten es und das Volk der Frühzeit erlitt nie wieder Hunger. Im Yuexiu-Park, der aus mehreren Seen zwischen sieben Hügeln besteht, kommen wir am Wahrzeichen der Stadt, den fünf in Stein gehauenen Ziegen, vorbei. Auf einem Hügel in der Ferne erhebt sich das riesige Stadtmuseum, ein fünfstöckiges, weinrotes Gebäude aus der Ming Dynastie (1368 – 1644). Es war Teil der alten Stadtmauer. Marco Polo bezeichnete es als „roten Turm über dem Meer".

Jean und ich gehen zum Public Security Bureau, dem Amt für öffentliche

Sicherheit und beantragen ein Permit für den Besuch von Kunming, Shanghai und Peking. Wir bekommen die Besucherscheine sofort. Jean fliegt am späten Nachmittag nach Guilin.

Ich will mit dem Zug nach Guilin fahren und gehe zum Bahnhof. Wie in Indien drängen sich lange Schlangen vor den Schaltern und füllen die Halle. Im Hotel habe ich mir vorsorglich alle Angaben in chinesischen Schriftzeichen auf einen Zettel schreiben lassen. Und wer besorgt mir nun die Fahrkarte zum Preis, den Einheimische zahlen? Der Mann vor mir sieht nett aus. Mittels Phrasenbuch nehme ich Kontakt zu ihm auf:»How much is it?« Mit der Zeit versteht er, was ich will. Ich drücke ihm ein paar Scheine in die Hand, damit er das Ticket kaufen kann. Nach etwa 45 Minuten haben wir es fast geschafft. Je näher wir nach vorne rücken, umso mehr drücken und schubsen die Leute. Chinesen können nicht anstehen und warten, lerne ich sofort. Wildes Gedränge und Gekreisch herrschen direkt vor dem Schalter. Die Hände von drei Personen schieben gleichzeitig Geld durch das Fensterloch, das der Schalterbeamte zurückfeuert.

Mein chinesischer Beistand kämpft sich zum Schalter durch und erhält seine Fahrkarte. Er schickt sich an, meine zu kaufen. Die Leute hinter uns puffen uns in den Rücken, schieben und schreien. Mein Freund zeigt auf mich und erklärt seine Absicht: Er wolle eine Fahrkarte für eine Touristin besorgen. Der Schalterbeamte guckt zu mir herüber und macht sich an die Arbeit. Es dauert eine Weile, bis er meinen Touristenfahrschein ausgefüllt hat. Die Menge schweigt und gafft und steht ganz still. Statt 25 Yuan zahle ich 43 Yuan. Kaum habe ich das Ticket in der Hand, ist wieder der Teufel los, die Massen wogen und toben. Ich wühle mich aus der Meute hinaus, nass geschwitzt von dem Theater und der Hitze.

Im Hotel dusche ich und esse schnell im Restaurant. Am besten mundet die große Kanne Tee. Sie rettet mich vor dem Verdursten. Dann gehe ich zum Bahnhof. Der Bahnsteig ist wie leer gefegt und blitzt vor Sauberkeit. Um 21.00 Uhr fährt der Zug ab. Ich habe einen bequemen Platz im Liegewagen, im »Hard Sleeper«. Die Schaffnerin, die für den Waggon zuständig ist, will mir mein teures Ticket wegnehmen. Wir ziehen beide daran. Endlich verstehe ich, dass ich es morgen früh wiederbekomme, wenn ich umsteigen muss.

In den Sechserabteilen bekommt jeder Passagier ein Kissen und eine Decke für die Nacht. Unter dem Fenstertischchen steht eine Thermoskanne mit heißem Wasser. Meine Mitreisenden leihen mir eine große Blechtasse, damit ich mir Tee zubereiten kann. Wir unterhalten uns mittels meines Phrasenbuchs und haben alle Spaß. In Guilin werde ich eine dieser praktischen Blechtassen mit Deckel kaufen, damit ich die künftigen, langen Zugfahrten mit frisch zubereitetem gebrühtem grünem Tee besser überstehe. Schwarzen Tee gibt es nicht in China.

Am Morgen weckt mich die Schaffnerin und gibt mir meine Fahrkarte zurück. Um 5.30 Uhr kommen wir auf dem Umsteigebahnhof an, um 6.00 Uhr ist die Weiterfahrt. Zwei Schweden und ein Engländer warten mit mir auf dem Bahnsteig. Eine junge Chinesin will uns behilflich sein und rennt mit unseren Fahrkarten hin und her. Warum weiß ich nicht, wahrscheinlich möchte sie für uns Sitzplätze im Zug organisieren.

Der Zug läuft ein. Die Chinesen, bereit zur Erstürmung, rennen los, sie hasten und überschlagen sich fast – bis ein scharfes Gekeife aus den Lautsprechern sie zurückpfeift. Kleinlaut und wie die Schüler einer Grundschulklasse stellen sich die Leute artig und gehorsam auf und unter der Aufsicht der Ordner betritt jeder gesittet den Zug.

Mein Platz besteht aus einem harten Sitz mit senkrechter Rückenlehne. »Hard Seat« heißt diese unbequeme dritte Klasse. Hier sind wir dem einfachen chinesischen Leben nah. Landbevölkerung füllt den Zug. Die gebräunten Gesichter sind rund, die Hände derb. Unsere Mitfahrer tragen ihr Gepäck mittels eines hölzernen Stabs über der Schulter, an jedem Ende baumeln Taschen und Bündel, die nun verstaut oder als Sitzgelegenheit benutzt werden. Am Ende des Waggons befindet sich ein großer Boiler mit heißem Wasser für den grünen Tee, den die Chinesen lieben.

Der Zug fährt durch hügeliges Land. Die Dampflokomotive keucht, der Wasserdampf zischt, die Kolben schlagen. Ab und zu ertönt das heisere, hohle Pfeifsignal der Lokomotive. Dampfwolken ziehen an den Fenstern vorbei. Am späten Nachmittag tauchen die ersten bizarren Kalksteinberge auf, stehen in Gruppen zusammen und fügen sich zu Ketten. Dieser Landschaft wegen ist Guilin bis über die Landesgrenzen hinaus berühmt.

Kalksteinberge und Gebirge erheben sich auf einer grünen Ebene am Li-Fluss. Sie sind geformt wie verwunschene Hügel aus einer Märchenwelt. Nebelumflort schimmern sie geheimnisvoll in dunklem Blaugrün. Auf einer Bootsfahrt nach Yangshuo wollen Richard aus England, die beiden Schweden Hendrik und Gustav und ich die landschaftliche Schönheit genießen. In eineinhalb Stunden fahren wir mit dem Bus zur Schiffsanlegestelle am Li-Fluss. In dem kleinen Ort reihen sich Souvenirstände aneinander. Die Händler bieten Mao-Mützen, Postkarten und Kitsch an. Am Fahrkartenschalter zeigen die beiden Schweden ihren Studentenausweis vor und wir vier bekommen die Tickets für die fünfzig Kilometer lange Bootsfahrt zum Studentenpreis.

Am Kai liegen unzählige Touristenboote, die nacheinander ablegen und den Fluss hinuntertuckern. Wir besteigen eines der Boote und fahren ab. Rechts und links der Ufer erheben sich die mit Gebüsch bepelzten Kalksteinberge. Manche Buckel fallen senkrecht zum Wasser ab. Die außergewöhnliche Landschaft hat Dichter inspiriert. Sie haben versucht, die Schönheit in klingenden Worten zu besingen. Gegen 14.00 Uhr erreichen wir den kleinen Ort Yangshuo. Vom Fluss steigt die belebte Hauptstraße hoch in den Ort. Es wimmelt von Einheimischen, die unter spitzen, wippenden Strohhüten ihren Geschäften nachgehen. Die Souvenirshops in den schmalen Gassen bieten Landschaftsmalereien, Holz- und Steinschnitzereien an, alte Teller und Vasen. Gute Arbeiten sind teuer.

Als wir in Guilin zurück sind, besichtigen wir die Schilfrohrflötenhöhle von Guilin, eine Tropfsteinhöhle, die wie die Fahrt auf dem Li-Fluss viele Besucher anzieht. Sie ist groß wie eine Kathedrale. Bunte Scheinwerfer strahlen die zerbrechlichen Stalagmiten und Stalaktiten an. Die steinernen Zapfen leuchten violett, grün, rot und golden auf – ein Märchenland, drinnen und draußen.

Am nächsten Morgen gehen wir zum Bahnhof, um die Fahrkarten für die Weiterfahrt zu besorgen. Weil die chinesischen Züge meistens überfüllt sind, kann man gar nicht früh genug für eine Reservierung sorgen. Am Bahnhof finden wir niemanden, der uns die Karten zum normalen Preis kaufen will. Wir fragen im Restaurant neben dem Bahnhof – erfolglos! Nichts klappt. Die Leute verstehen gar nicht, was wir wollen. Hendrik und Gustav gehen ins Hidden Hotel, um jemanden zu finden, der Englisch spricht und unser Begehren in chinesischen Schriftzeichen aufschreibt. Sie kehren mit einem jungen Mann zurück, der die Fahrkarten besorgen will. Hoffnungsvoll gehen wir zum Schalter. Er ist geschlossen und macht erst in einer halben Stunde wieder auf. So lange hat der junge Mann keine Zeit.

Plötzlich spricht uns eine junge Chinesin in fließendem Englisch an. Sie ist bereit, die Fahrkarten zum normalen Preis zu besorgen, allerdings ist sie scharf auf unser Touristengeld. Wir geben ihr das Geld und verabreden uns für den Abend in einem Restaurant in der Nähe. Die junge Frau heißt Wang Hua, ist 25 und Englischlehrerin an einer Mittelschule. Am Abend überreicht sie uns die Fahrkarten für Sitzplätze in der harten, dritten Klasse: Die Liegewagen seien ausgebucht, weil der Zug nicht in Guilin eingesetzt werde, sondern aus Shanghai komme. Eine Reservierung für Sitzplätze hat sie auch nicht bekommen können.

Wang Hua verdient 50 Yuan im Monat: Für das Zimmer, das sie sich mit drei anderen Mädchen teile, zahle sie 3 Yuan im Monat, erzählt sie uns. Mit ihren Eltern stehe sie auf Kriegsfuß: »Sie sind in der Partei und haben Karriere gemacht. Meine Mutter hat eine leitende Position in einer Fabrik. Aufgewachsen bin ich bei meinen Großeltern, die von der Partei als kapitalistisch eingestuft und malträtiert wurden. Lehrer und Mitschüler haben mich abgelehnt und ich musste besser sein als andere. Meine Eltern haben meine Großeltern ihres Karrierestrebens wegen verleugnet.« Nur wer in der Partei sei, sagt sie, könne in bessere Positionen aufsteigen. »Viele junge Leute meiner Generation haben keine Lust, der Partei beizutreten. Einmal in der Woche müssen wir eine politische Lehrstunde besuchen. Dort beten sie uns vor, was wir zu denken und zu sagen haben. Diese Unterweisungen finden alle sehr langweilig!«

Sie kommt auf die Ein-Kind-Politik zu sprechen. Mao Zedong hatte sie eingeführt, um das Problem der Überbevölkerung in den Griff zu bekommen: »Wir dürfen erst mit 22 Jahren heiraten. Für das erste Kind gibt es Kindergeld, beim zweiten, gar beim dritten Kind müssen die Eltern eine Strafe zahlen. Die Männer bevorzugen Söhne. Frauen mit vorehelichem Verkehr werden als minderwertig angesehen.« Die junge Frau beschwert sich über die Doppelmoral der Männer: »Geschlechtsverkehr mit Ausländern ist verboten, er wird mit Gefängnis bestraft. Wenn Chinesen Ausländer heiraten wollen, prüft die Behörde, ob Liebe vorliege. Die Wartezeit bis zur Heirat beträgt mindestens ein Jahr.«

Karstlandschaft am Li-Fluss, Guangxi

In Yangshuo am Li-Fluss, Guangxi

Die Geburtenkontrolle bringt viel Leid über die Familien. Nur ein Sohn kann in der Vorstellung der Chinesen die Ahnenreihe fortsetzen und die alten Eltern versorgen. Kleine Jungen sind willkommen, kleine Mädchen nicht. Die Abtreibungsrate ist hoch. Der Vorgesetzte der Kommune mischt sich in die Familienplanung ein und überwacht sie. Es soll Zwangssterilisierungen gegeben haben. Manch ein Bauer ertränkt sein Töchterchen, kaum hat es das Licht der Welt erblickt, wie eine junge Katze in einem Eimer Wasser.

Wir kommen auf die Mode zu sprechen. Egal, wohin ich gucke in diesem Land, Männer und Frauen laufen im Mao-Look herum, im ausgebeulten blauen Baumwolldrillich. Männer tragen dazu eine blaue Schirmmütze auf dem Haupt. Mao rief 1949 im blauen Anzug die Volksrepublik aus. Zu Beginn der Kulturrevolution trat er im grünen Anzug auf. Die Soldaten der Volksbefreiungsarmee tragen eine grüne Uniform. Der rote Stern auf den Schirmmützen ist das Symbol des Kommunismus. Die Rotgardisten wählten den grünen Anzug, die Normalbürger den blauen. Kombinationen sehe ich auch öfters, eine blaue Jacke mit grüner Hose und umgekehrt. Westliche Kleidung, gar die Mode des Kaiserreichs, ist verboten, ich sehe keine langen Haare, keine bunten Blusen, keine Dauerwelle, Zeichen der Bürgerlichkeit, mit der der »neue Mensch« nichts zu tun haben darf. Den Frisuren der Frauen fehlt der Schnitt. Das halblange Haar ist strähnig, einige Frauen flechten es zu Zöpfen, die vom Kopf abstehen. Lippenstift und Make-up scheinen unbekannt zu sein. Weite Blusen fallen über schlecht sitzende Hosen. Modische Garderobe mit Chic ist in einem normalen Laden nicht erhältlich.

Auffällige Kleidung sei untersagt, erzählt Wang Hua. »Ich würde gerne einen Rock anziehen, fiele aber damit auf. Grau wie eine Maus muss ich meinem Beruf nachgehen.« Dabei ragt sie aus der Masse der Frauen bereits heraus: Ihr schwarzes Haar ist hochgesteckt, ihre Lippen leuchten so rot wie ihre knallrote Strickjacke. Wenigstens in ihrer Freizeit möchte sie sich schön machen. Sie ist selbstbewusst und mutig, sie rebelliert. Sie hat keine Angst, mit uns offen zu sprechen. Wer weiß, wie oft sie schon bei ihren Vorgesetzten angeeckt ist.

Alle vier, Richard, Hendrik, Gustav und ich, sind stark erkältet. Kaum im Land des Spuckens angekommen, hat uns ein schlimmer Husten angeflogen. Die Chinesen spucken, wo sie gehen und stehen, auf der Straße, in Restaurants, im Hotel. In den Hotelfluren und in den Zimmern stehen emaillierte Spucknäpfe, und wer sich zu benehmen weiß, spuckt in den Napf und nicht auf den Boden. Wer auf den Boden spuckt, verreibt die Spucke anständigerweise mit dem Schuh. – Am nächsten Abend essen wir zum Abschied gemeinsam mit Wang Hua im Restaurant. Sie wird die beiden Schweden in Wuhan treffen, um ihnen als Reisführerin die Stadt zu zeigen. Richard und ich sind auf dem Weg nach Kunming. Wir gehen zum Bahnhof und zeigen leicht nervös unsere billigen Fahrkarten vor. Wissen die Bediensteten um die Touristenpreise? Niemand nimmt Anstoß, eine Bahnhofsangestellte bittet uns sogar als die Gäste des Landes in den Warteraum der ersten Klasse.

Der Zug aus Shanghai läuft ein. Er quillt über von Menschen. Kaum ein Stehplatz ist zu ergattern, geschweige denn ein Sitzplatz. Wir zwängen uns in den Gang. Nach einiger Zeit finde ich Platz auf einer Kiste, die mir ein freundlicher Chinese anbietet, Richard hockt sich auf meinen Rucksack.

Wir fragen den Schaffner nach einem Liegeplatz im »Hard sleeper«. Er winkt ab. Alles belegt! Schließlich weist er uns Sitzplätze zu, hat aber zwei Chinesen vertrieben. Das geht ja nun auch nicht! Wir kehren auf unsere alten Plätze zurück, die Kiste und den Rucksack. Kurz darauf bietet uns der Schaffner Liegeplätze zu überhöhten Preisen an. Wir lehnen ab. Ein junger Amerikaner und eine Japanerin sind dabei, sich zum Speisewagen durchzukämpfen, und erzählen, ein Schaffner habe ihre Tickets bereits moniert, auf dem nächsten Bahnhof käme die Polizei. Das ist ja spannend! Nach drei Stunden Fahrt steigen ein paar Leute aus, die Polizei lässt sich nicht sehen und Richard und ich finden Platz auf einer Zweierbank. Die ist immerhin komfortabler als eine Dreierbank, auf der eine Person eingequetscht in der Mitte sitzen muss.

Das Nachdenken darüber, wie ich die Fahrt, die zwei Nächte und einen Tag dauert, dreiunddreißig Stunden an einem Stück, überstehen soll, habe ich sofort aufgegeben. Einige Chinesen sitzen seit Shanghai im Zug und haben bereits zwei Nächte überlebt. Ich nicke endlich ein. Am Morgen ist der Gang ein bisschen leerer geworden, letztlich bleibt der Zug jedoch bis Kunming überfüllt. Einige Leute stehen immer im Gang herum. Essen gibt es dreimal am Tag für je 18 Cent: einen Schlag Reis, etwas Gemüse und fettiges, ungenießbares Fleisch.

Auf den Bahnhöfen bieten fliegende Händler Äpfel, Bananen und Gebäckteilchen an. Sie verhalten sich still und preisen ihre Ware nicht lauthals wie in anderen asiatischen Ländern an. Unsere chinesischen Nachbarn sind aufmerksam und nett. Aus ihren Feldflaschen schütten sie heißes Wasser auf die Teeblätter in unseren Blechtassen und schließen das Fenster, weil wir erkältet sind. Sie bieten chinesische Kekse an, die wie leicht gesüßtes Pappmaschee schmecken. Mein Keks zerbröselt im Mund, fühlt sich trocken wie Sägemehl an und klebt am Gaumen. Mit einem Schluck Tee spüle ich die Krümel hinunter. Die Mitfahrenden knacken Sonnenblumenkerne und Erdnüsse, essen Bananen, Orangen und Mandarinen. Spelzen, Schalen und Papier bedecken bald den Boden. Man darf rauchen und Zigarettenkippen fliegen ebenfalls hinunter. Mein Nachbar räuspert sich, macht die Lunge frei, beugt sich vor und spuckt. Zwei- oder dreimal am Tag fegt eine der Angestellten den Kehricht zusammen. Sie kommt mit einer Schaufel und einem armlangen Strohbesen. Mit gebeugtem Rücken säubert sie emsig einen Waggon nach dem anderen. Morgens wird gefegt und anschließend sogar gewischt. Das Mädchen taucht einen grau gewordenen Mopp in einen Eimer mit grünlichem Wasser und verteilt die Flüssigkeit über den Boden. Wir ziehen schnell die Füße hoch, damit sie nicht auch über die Schuhe fährt.

Am zweiten Abend steigt der Zug in die Gebirgswelt der Provinz Yunnan hinauf. Die Dunkelheit bricht herein und wir leben immer noch. In dieser Nacht schlafe ich ein bisschen mehr als in der vorigen und lerne, die Unbequemlichkeit zu erdulden. Um 6.00 Uhr läuft der Zug in Kunming ein.

Kunming, die »Stadt des ewigen Frühlings«

Noch ist es dunkel. Richard und ich marschieren durch den kalten, feuchten Morgen auf der Suche nach einem Hotel. Zum Kunming Hotel in der Bahnhofstraße soll es nicht weit sein, doch der Weg zieht sich hin, müde und gerädert wie wir sind. Die Straße ist breit und nur spärlich beleuchtet, es ist still. Kunming schläft noch. Schließlich erreichen wir das mehrstöckige Hotel an einer großen Kreuzung.

Das Zimmermädchen säubert gerade die Zimmer und bezieht die warmen, weichen Betten. Wir stellen unsere Rucksäcke ab und gehen in den Speisesaal. Toast, Butter, Eier und Marmelade stehen auf dem Tisch und die Kellnerin serviert statt Tee Kaffee – ein Frühstück wie zu Hause! Wir zahlen für unsere Zimmer jeder neun Yuan, keine zehn Euro. Nach der Tortur der langen Bahnfahrt konnte uns nichts Besseres passieren, als in diesem komfortablen Touristenhotel unterzukommen. Wir duschen und wollen anschließend die Stadt erkunden. An einem Kiosk draußen kaufen wir einen Stadtplan, der die Sehenswürdigkeiten in und um Kunming auf Chinesisch und Englisch auflistet und mit Kartenskizzen ausgestattet ist, eine überaus nützliche und feine

Hilfe, die der Tourist in allen Städten, die er besuchen darf, vorfindet.

Zum Büro für öffentliche Sicherheit ist es nicht weit. Die Beamtin dort verlängert anstandslos mein Visum um vier Wochen, nicht nur um zwei! Welche Erleichterung! Die freundliche Chinesin spricht fließend Englisch, teilt uns Busverbindungen mit, gibt Ratschläge und drückt während der Unterhaltung den Stempel in den Pass. Gleichzeitig stellt sie ein Permit für weitere Orte aus.

Kunming, die Hauptstadt der Provinz Yunnan, liegt 1894 Meter hoch auf dem Kunming-Guizhou-Plateau. Wegen der moderaten Temperaturen das Jahr über nennt man sie die »Stadt des ewigen Frühlings«. Yunnan, eine Gebirgsregion im Südwesten Chinas, breitet sich unterhalb des Qinghai-Tibet-Plateaus aus und grenzt an Burma, Laos und Vietnam. In den Tälern leben 26 Volksgruppen, die ihre Kultur bis heute bewahrt haben, ihre Geschichten und Mythen, Schrift und Sprache, Lieder, Tänze und Feste. Die Frauen tragen noch heute die traditionellen Trachten ihrer Gruppe. Minoritäten wie die der Bai, Dai, Yi und Miao leben in Yunnan.

Platanen und Pappeln säumen die breiten Hauptstraßen Kunmings. In grau verputzten, mehrstöckigen Häuserkästen befinden sich weitläufige, dunkle Läden und Warenhäuser, die aus mehreren Etagen bestehen. In den verstaubten Regalen lagern die Dinge des täglichen Bedarfs. Hinter den lang gezogenen Theken der staatlichen Einrichtungen hocken Verkäuferinnen verloren und gelangweilt. Es fällt ihnen schwer, die Trägheit ihres monotonen, grauen Alltags zu durchbrechen und sich in Bewegung zu setzen, um die Kunden zu bedienen. Wozu auch? Die »Eiserne Reisschüssel«, eine Jobgarantie, ist ihnen sicher.

In den alten Stadtvierteln rahmen niedrige, zweistöckige Häuser mit grünen, wurmstichigen Holzfassaden die Gassen ein. Auf den durchgebogenen Dächern wächst gelbes, spilleriges Gras. Neben Gemüse- und Obstständen gibt es Stände mit Waschschüsseln, Spucknäpfen, Woks und Töpfen. In einer Ecke hängen weite Blusen, Hosen und Westen ohne Passform, teilweise aus Synthetik. Daneben sitzen Schuster und Uhrmacher und bieten ihre Dienste für ein paar Cent an. Bauern hocken hinter ihren Äpfeln, kleinen Goldparmänen, die auf einer Plane auf dem Boden leuchten. Wir lassen ein paar abwiegen. Und wieviel kosten die? Der freundliche Mann macht ein paar Handzeichen. Gestreckte Finger können wir deuten, eins, zwei, drei, vier, doch was meint er mit der geballten Faust und mit dem gespreizten Daumen und Zeigefinger? Und überhaupt: Will er Yuan, Jiao oder Fen? Ein Yuan besteht aus zehn Jiao und ein Jiao wiederum aus zehn Fen. Die zumeist zerfledderten Scheine werden immer kleiner. Auf ihnen stehen keine arabischen Ziffern mehr, sondern nur noch chinesische Zahlzeichen. Federleichte Blechmünzen sind auch in Umlauf. Ich weiß nicht, wieviel ich bezahlen muss. Ich halte dem Händler meine Geldbörse hin und er nimmt sich, was ihm zusteht. Die Äpfel sind spottbillig, fast geschenkt.

Wir gelangen in den Green-Lake-Park. Restaurants und Cafés mit geschwungenen Dächern und schlanke Pavillons spiegeln sich im Smaragdsee. Männer in blauen Kitteln und mit der Mao-Mütze auf dem Kopf sitzen an kleinen Tischen, spielen Karten oder Mahjong, das beliebte chinesische Brettspiel. An einer anderen Stelle des Parks führen Laiendarsteller ein Theaterstück auf. Sie singen und tanzen, umringt von Zuschauern, die gebannt zugucken. Wir schauen ebenfalls eine Weile dieser einfachen und anmutigen Darbietung zu und vergessen darüber die unattraktive und hässliche Kleidung der Darsteller und der Zuschauer.

Der Green-Lake-Park, die »grüne Lunge« Kunmings, zieht sich rund um einen Zoo. Tiger, Affen und Bären sitzen in Käfigen aus Beton und fristen ein klägliches Dasein. Für Tiere hat man hier kein Herz.

An der Straße zum Zoo steht der große buddhistische Yuantong-Tempel. Bereits in der Tang-Dynastie gegründet, wurde er im 14. Jahrhundert umgebaut. Ein achteckiger Pavillon schwebt säulengestützt über dem See und beschützt drei Buddha-Statuen aus Jade. Eine blendend weiße Marmorbrücke verbindet das Ufer mit der großen Halle des Tempels. Reliefs schmücken die Wände. In der Ming-Zeit geschnitzte, goldene Drachen winden sich um zwei zehn Meter hohe, runde Säulen, eine in Gelb, die andere in Grün; der Drache war das Zeichen des Kaisers, Symbol seiner Macht. Die Herrscher bestiegen den Drachenthron und wir steigen nach dem schönen Spaziergang durch den Park in den Bus und fahren zurück zum Hotel. Abends falle ich todmüde ins Bett und schlafe zwölf Stunden. Als ich am nächsten Morgen frühstücke, ist Richard schon unterwegs.

Bus Nummer zehn bringt mich zum Goldenen Tempel außerhalb der Stadt, er liegt auf dem Minfeng-Berg. Eine steile Treppe führt hinauf zu diesem taoistischen Tempel, der 1602 in der Ming-Dynastie gegründet, später versetzt, öfters restauriert und umgebaut wurde. Drei ausladende Tore, Himmelstore, überspannen die Stufen. Auf der Bergkuppe liegt das kleine, feine Bauwerk, ein Kupfertempel auf einem Marmorsockel mit doppelstöckig geschwungenen Dächern. Wände, Gebälk, Dächer, die Altäre und die drei Statuen in der kleinen Halle sind aus 300 Tonnen Kupfer gefertigt. Zhen Wu, der Krieger des Nordens, eine der höchsten taoistischen Gottheiten, ist die Hauptfigur im Inneren, ihm zur Seite stehen das Jademädchen und der Goldknabe. Zhen Wu sitzt auf seinem Thron und stützt die Hände auf die Knie. Mit halbgeschlossenen Augen meditiert er. Seine langgezogenen Ohrläppchen sind ein Symbol der Weisheit. Er soll eine Wiedergeburt Laotses sein. Der Legende nach verließ er seine Heimat und meditierte lange Zeit in den Bergen. Der Jadekaiser, die höchste taoistische Gottheit, würdigte sein einfaches Leben, schickte ihm einen von neun Drachen gezogenen Wagen und ließ ihn in den Himmel auffahren. Seitdem gehört Zhen Wu zu den Unsterblichen. Er residiert im Sternbild des Orion, glauben die Taoisten.

Einer anderen Legende nach wollte Zhen Wu, ein Prinz, alles Böse auf der Welt vernichten. Als Schwertkämpfer war er im ganzen Land berühmt. Er verließ den Palast seines Vaters, entsagte der Welt und begab sich auf Wanderschaft, um Erleuchtung und Unsterblichkeit zu erlangen. Vierzig Jahre lang lebte er in den Tai-He-Bergen, ernährte sich von Pilzen und Waldbeeren und meditierte. Der Erleuchtung kam er jedoch keinen Schritt näher. Eines Tages erschien ihm eine wunderschöne Frau mit wehenden Schleiern. Er stieß sie von sich und sie stürzte über den Rand einer Klippe in die Tiefe. Zhen Wu sprang augenblicklich hinterher, um sie zu retten. Diese Selbstaufgabe zum Wohle eines anderen Menschen bedeutete die Überwindung seines Egos und brachte ihm die Erleuchtung. Fünf Drachen fingen ihn auf und trugen ihn zum Himmel hinauf. – Hinter dem Goldenen Tempel steht ein alter Kamelienbaum in der Nähe eines Glockenturms. Die Kamelie ist die Blume der Stadt, daneben wachsen Azaleen, Orchideen und Primeln in den Parks.

Viel Chinesen sind in Gruppen unterwegs und spazieren wie ich durch die schöne Parkanlage. Neugierig untersuchen sie das nicht mehr benutzte bronzene Weihrauchgefäß vor dem Goldenen Tempel. Wo die Taoisten wohl geblieben sind? Treffen sie sich heimlich, um Kerzen zu entzünden und zu Zhen Wu zu beten? Haben sie sich einen versteckten Altar in einer Nische ihrer Wohnung eingerichtet? Oder sind sie konvertiert zur Ideologie Maos? Haben die Kommunisten sie verlacht, verhöhnt und sie in Umerziehungslager gesteckt, gar umgebracht? Der Goldene Tempel und die buddhistischen Tempel, die ich bisher besucht habe, erfüllen nicht mehr ihren Zweck. Die ehemaligen Andachtsstätten sind blank geputzt und wirken steril. Die Rituale der Gläubigen, der Duft von Räucherstäbchen und der Geruch von rußenden Lichtern, die Lebendigkeit fehlen. Aus Tempeln wurden Museen.

Mit Bus Nummer neun fahre ich weiter zum Black Dragon Pool, einem See in einem Park. Der Legende nach lebten einst zehn Drachen in diesem See, terrorisierten die Menschen und richteten Unheil an. Einer der »Acht Unsterblichen« fing neun der zehn Drachen und sperrte sie in einen hohen Turm. Der jüngste, ein schwarzer Drache, blieb übrig, wandelte sich und schützte von nun an die Menschen, die am »Schwarzen Drachen-See« wohnten.

Zwei Tempel spiegeln sich im Wasser. Ich bewundere das kunstvoll geschnitzte Gebälk unter den geschwungenen Dächern, die farbenprächtigen Brokatmuster, die die gestaffelten Holzelemente überziehen. Rostrote Säulen stützen das Dach, schneeweiße Marmorgeländer schließen den Tempelhof ein. Drei uralte Bäume schmücken den Park, ein tausend Jahre alter Pflaumenbaum, eine Zypresse mit dickem Stamm und ein Kamelien-Baum.

Der Nachmittag ist bereits angebrochen, trotzdem mache ich mich noch einmal auf den Weg: Bus Nummer sieben soll mich zum Bambus-Tempel bringen. Den chinesischen Namen kenne ich nicht, nur den Namen des Stadtteils, in dem er liegt. Ich steige aus und laufe und laufe die Straße hoch, frage, die Leute verstehen mich nicht. Drei kleine Jungen weisen zurück. Sie begleiten mich und wo landen wir? An der Bushaltestelle, da bin ich ausgestiegen. Ich breite meine englisch-chinesische Stadtkarte aus und zeige auf das Bildchen und die Schriftzeichen des gesuchten Tempels. Eine Menschenmenge umrundet mich und nimmt interessiert teil an dieser Unterhaltung, in der wir mehr gestikulieren als reden. Endlich kapieren die Leute, wohin ich will. Sie gestikulieren und reden auf mich ein. Jetzt dauert es eine Weile, bis ich begreife, dass der Tempel schon geschlossen ist. »Geh schlafen und komm morgen wieder!«

Zurückgekehrt ins Zentrum, zeigt mir ein älterer Chinese ein gutes Restaurant mit hervorragendem Essen. Er geht mit, um mir beim Bestellen zu helfen, für 1,50 Yuan bekomme ich eine Kohlsuppe, Reis, Fleisch und Blumenkohl. Das Essen mit Essstäbchen habe ich schnell gelernt. Zumindest das Gemüse und die Fleischstückchen bekomme ich zu fassen, weniger den Reis und die Nudeln. Aber das ist kein Problem, denn wie die Chinesen halte ich die Schale vor den Mund, trinke die Suppe und schiebe den Reis oder die Nudeln, alles, was in der Suppe schwimmt, mit den Essstäbchen auf die Zunge. Löffel, Messer und Gabeln gibt es in China nicht.

Am nächsten Morgen fahre ich erneut zum Bambus-Tempel. Er entstand während der Tang-Dynastie und ist wegen seiner 500 Tonfiguren berühmt. Die Skulpturen stellen Arhats dar, buddhistische Heilige, die bereits zu

Lebzeiten Erleuchtung gefunden haben. Anstatt ins Nirwana einzugehen, verweilen sie auf Erden, um die buddhistische Lehre zu hüten, bis Maitreya, der Buddha der Zukunft, erscheinen wird. Unterschiedliche Gesichter und Haltungen machen die Figuren lebendig und lassen sie wirklichkeitsgetreu aussehen. Sie stellen dem Diesseits verbundene Heilige dar. Ihre Kleidung leuchtet in bunten kräftigen Farben.

Ich habe den Tempel schnell besichtigt. Nun stehe ich im Tempelhof, der von lärmenden Schulkindern widerhallt, und warte auf den Bus. Wie die Figuren im Tempel sind auch die Kinder bunt gekleidet und bringen Leben in den grauen Alltag eines grauen Landes. Die Farben ihrer Blusen, Röcke und Hosen heben sich wohltuend von denen der freudlosen Einheitsuniformen der Erwachsenen ab. Ich warte lange. Der Lehrer einer Klasse hat mich gerade zur Mitfahrt im Schulbus eingeladen, als der öffentliche Bus erscheint und mich zurück in die Stadt bringt.

Ich habe genug Zeit, um eine der Hauptsehenswürdigkeiten Kunmings außerhalb der Stadt zu besuchen, die Western Hills, genannt die Sleeping Buddha Hills, am Dianchi-See. Der See zieht sich neununddreißig Kilometer von Norden nach Süden und acht Kilometer von Westen nach Osten. In den Western Hills hinter dem See verstecken sich hinter einem Drachentor hoch auf einer Klippe Tempel, Schreine, Pavillons und Grotten.

Die letzte Haltestelle des Linienbusses liegt etwa sechs Kilometer vor dem Drachentor. Ich steige aus und Nieselregen setzt ein. Unter einem Schutzdach warte ich eine Weile und beginne schließlich meinen Marsch. Rechter Hand komme ich an zwei schönen Tempeln vorbei. Der zweite zieht sich in drei Sektionen den Berghang hinauf, Pavillons stehen in den Höfen und in einem Teich schwimmen Goldfische. Kurz vor meinem Ziel esse ich an einem Stand eine gute, heiße Nudelsuppe. Die Umstehenden gucken mich an und lachen freundlich. Ich werde zum Gesprächsthema und ein älterer Mann lässt es sich nicht nehmen, für meine Suppe zu zahlen. Ich bin Gast!

Die schmale Straße windet sich zum Drachentor hoch. Es klebt an einer senkrechten Felswand über der Ebene. Viele Chinesen drängen sich auf dem Steig und gucken von kleinen Plattformen ins Land. Sie stehen Schlange, um sich gegenseitig zu fotografieren nach dem Motto: ich und der Dianchi-See! Ich genieße den Ausblick über den See und die weite Hochebene, die ihn umschließt. Reisfelder bilden ein riesiges Karree und umgeben die Dörfer. In der Ferne begrenzen Gebirgszüge unter einem Wolkenband das Plateau.

In die Klippenwand gehauene Treppenstufen und Gänge führen zu verschiedenen Grottentempeln. Die Höhle hinter dem Drachentor ist Kuixing geweiht, dem Schutzpatron der Gelehrten. Er hält einen Schreibpinsel in der Hand und reitet auf einem gehörnten Fisch. Wenchang, der Gott der Literatur, Guandi, der Kriegsgott, und die »Acht Unsterblichen«, die dem taoistischen Götterpantheon angehören, umringen ihn.

Ein alter Mann am Wegesrand sitzt auf einem geflochtenen Hocker, vor sich gelbe und rote Getränke in Flaschen, chinesische Limonade. Sie sieht süß und klebrig aus. Coca Cola und Fanta haben noch nicht den Weg nach Kunming gefunden. Gläser sehe ich nicht, sondern Porzellanschalen, die der alte Mann füllen wird, wenn ein Kunde seinen Durst löschen möchte.

Im Hotel buche ich eine Tour zum 120 Kilometer entfernten Steinwald. Der Bus fährt am nächsten Morgen um sieben Uhr ab. Zweieinhalb Stunden später sind meine Mitreisenden und ich am Ziel. Durch den touristisch erschlossenen Teil führen Wege an bis zu 30 Meter hohen Steingipfeln vorbei. Deren Oberfläche wirkt wie der Schliff von Edelsteinen. Ich finde einen Aussichtspunkt, der von einem Pavillon gekrönt ist, und schaue hinunter auf einen See, aus dem die Steinriesen senkrecht aufsteigen. Ein breiter Weg führt um die höchsten Felsen herum. Über kleinere Steinformationen blicke ich bis zu einem bläulichen Gebirgszug in der Ferne.

Über einen verschlammten Weg erreiche ich ein Dorf linker Hand, hier lebt die Volksgruppe der Sani im Schatten des Steinwalds. Ihre in Handarbeit hergestellten Waren haben sie am Ortseingang auf dem Boden ausgebreitet, bestickte Taschen, Filzschuhe, Jacken und Westen. Die rot und blau gemusterten Tischdecken und Wandbehänge wirken wie Kelims. Die Frauen tragen kasackähnliche ultramarinblaue Blusen mit weiten, bestickten Ärmeln, die, an den Seiten mit langen Schlitzen versehen, bis zu den Knien fallen. Einige der Frauen sitzen unter einem Sonnenschirm, andere unter einem Regenschirm, und eine Frau hat sich über ihre bunte Kopfbedeckung einen Strohhut mit breiter Krempe gestülpt.

Ihre Feste feiern die Sani im Steinwald unter dem Ashima-Fels, der sie ihrem Glauben nach beschützt. Ashima, eine schöne, junge Frau, wurde einst entführt und zur Heirat gezwungen. Ihr Geliebter Ahei wollte sie zurückerobern. Er gewann nach einem drei Tage und Nächte andauernden Singwettstreit mit dem Entführer seine Ashima zurück. Das Glück der beiden währte nicht lange, denn Ashima ertrank auf dem Rückweg. Sie verwandelte sich in einen Felsen, den Ashima-Fels. Was aus Ahei geworden ist, weiß ich nicht.

Eine der älteren Verkäuferinnen winkt mir zu: Komm mit! Sie lädt mich zu

Die Sani am Steinwald in der Provinz Yunnan

Lesestunde

sich in ihre Steinhütte ein, hinter der sich ein Felsen des Steinwalds erhebt. Ich betrete einen kleinen, warmen Raum. Auf dem gestampften Lehmboden sitzen ein Mann, zwei Frauen und zwei Kinder auf Decken an einem Lehmofen in der Ecke. Sie starren mich an. Töpfe stehen auf der Feuerstelle. Das Essen ist fertig! Meine Gastgeberin überreicht mir einen Teller Reis mit schmackhaft gewürzten Möhren. Eine Bezahlung lehnt sie vehement ab. Dankend verabschiede ich mich, schlendere noch einmal über den folkloristischen Markt und fahre mit dem Bus zurück nach Kunming.

Der Daguan-Park am Dianchi-See wurde 1690 angelegt. Dort verbringe ich meinen letzten Tag, bevor ich Kunming verlasse. In meinem Stammlokal in der Nähe meines Hotels esse ich zu Abend, hole mein Gepäck und gehe zum Bahnhof. Emei Shan, ein heiliger buddhistischer Berg ist mein nächstes Ziel. Er liegt auf dem Weg nach Chengdu, der Hauptstadt der Provinz Sichuan.

In den Western Hills bei Kunming, Provinz Yunnan

In der Mitte Chinas: Die Provinzen Sichuan und Shaanxi

Der Klosterberg Emei Shan

Den ganzen nächsten Tag über stampft der Zug durch eine zumeist grasbewachsene Gebirgslandschaft. Ein Tunnel löst den anderen ab. Nachmittags um 16.00 Uhr erreichen wir Emei Shan. Anne, eine Amerikanerin aus Alaska, und Kathrin, eine Kanadierin, steigen mit mir aus und gemeinsam fahren wir mit dem Bus zu einer Klosterherberge am Fuße des berühmten Berges.

Emei Shan, der heilige Berg der Buddhisten, erhebt sich 3099 Meter über dem Meer. Er ist geformt wie die schön geschwungene Augenbraue einer Frau und danach benannt. Taoisten bauten im 3. Jahrhundert Klöster und Einsiedeleien; buddhistische Mönche kamen im 6. Jahrhundert hinzu und sahen im Emei Shan den Sitz des Bodhisattvas Samanthabadra: Er, der die kosmische Ordnung, Weisheit und Güte verkörpert, kam auf einem weißen Elefanten aus Indien, ließ sich am Emei Shan nieder und lebte die Lehre der Lotos-Sutra, auf der die Schule des Reinen Landes fußt. Wer in der spirituellen Atmosphäre des Reinen Landes wiedergeboren wird, begreift seine Buddha-Natur, die jedem Menschen der Lotos-Sutra zufolge innewohnt. Amitabha, der Buddha des grenzenlosen Lichts, hilft dem Gläubigen, sein Ziel zu erreichen.

150 Klöster entstanden im Tal und an den Berghängen von Emei Shan. Bis auf etwa 25 wurden sie während der Kulturrevolution (1966 – 1976) zerstört.

Der Pilgerweg zum Gipfel ist 63 Kilometer lang. Er beginnt zwischen den beiden Klöstern Baguo und Fuhu im sattgrünen Tal und führt durch verschiedene Vegetationsgürtel, die in den unteren Regionen mit subtropischen Pflanzen und zum Gipfel hin mit alpinen Gewächsen an schroffen Hängen bedeckt sind. Die hohen Bäume alter Mischwälder strecken ihre Zweige in den Himmel. Botaniker haben 3200 Pflanzenarten bestimmt, Heilkräuter findet man in Hülle und Fülle.

Der Bus fährt gut eine halbe Stunde den Berg hinauf, nur noch die Hälfte des Wanderweges liegt vor uns. Der Aufstieg verläuft über einen mit Treppenstufen und Steinplatten gut ausgebauten Weg. Erfrischungen gibt es am Wegesrand, der Wanderer bekommt süße chinesische Limonade oder eine Schale heißes Wasser für umgerechnet weniger als einen Cent. Es ist bewölkt. Die Sonne kommt nur schwach und für kurze Zeit durch. Lange laufen wir über einen Bergrücken und blicken zu beiden Seiten durch den Dunst hinunter ins Tal. An den Hängen blühen Orchideen und andere Blumen.

Am Nachmittag sehen wir auf dicke Wolkenschwaden, die das Tal füllen, Grauschleier hängen über unseren Köpfen und verdecken den Himmel. Anne ist mit ihren langen Beinen schon lange weg. Kathrin und ich stimmen im Rhythmus überein und wir wandern gemeinsam dem Gipfel entgegen.

Vor dem zweitletzten Kloster unterhalb des Gipfels, 2700 Meter hoch über dem Meeresspiegel gelegen, ruhen wir uns aus. Wir sind müde und sollten bleiben, doch wir sitzen nicht lange, es ist zu kalt. Der Frost beißt in Hände und Füße; ohne Bewegung erfriert der Mensch bei den Temperaturen, die jetzt im Spätherbst herrschen. Wir wandern weiter und hoffen, das Kloster in der Nähe des „Goldenen Gipfels" vor Einbruch der Dunkelheit noch zu erreichen.

Ein Sonnenaufgang am „10 000-Buddha-Gipfel" des Emei Shan wird zu einem außergewöhnlichen Erlebnis, wenn ein Wolkenmeer das Tal füllt. Der Wanderer, den blauen Himmel über sich, erblickt in den Wolken unter sich einen kreisförmigen Regenbogen. In diesem Halo sieht der Buddhist das Licht Buddhas, Symbol für das Reine Land. Manch einer sprang vom Gipfel hinunter in die erhoffte Erleuchtung und in die Leere einer anderen Dimension.

Endlich taucht das große Holzgebäude des Klosters vor uns im Nebel auf. Ein Mönch führt uns die Treppe hinauf und zeigt uns unser Vierbettzimmer. Auf jedem Bett liegen zwei dicke Steppdecken und ein grüner, wattierter Mantel, wie ihn die Chinesen im Winter tragen. Man kennt die Touristen. Egal, ob sie von nah oder fern kommen, für den Aufstieg in die dünne und eisige Luft des Berges sind sie nicht gut genug ausgerüstet.

Dankbar ziehen wir die Mäntel an und gehen in der Klosterküche essen. Das Mahl besteht aus einem Schlag Reis mit faserigen Kürbisstücken, wahrlich kein Schmaus! Mit unseren klammen Fingern können wir die Essstäbchen kaum halten.

Sofort nach dem Essen kriechen wir, eingehüllt in die Mäntel, unter die bleischweren Steppdecken. Es dauert eine Weile, bis sich die Wärme in den Hohlräumen der Decken ausbreitet und durch den Körper flutet. Leider muss ich noch einmal hinaus. Ich habe das Glück, einen Mönch zu treffen, der ahnt, wohin ich will. Er geht mit mir die Treppe hinunter und zeigt mir das stille, kalte Örtchen. Es ist stockfinster. Im Schein meiner Taschenlampe finde ich den Weg zurück ins Zimmer. Das Öllämpchen auf dem Sims entdecke ich erst in der Frühe. Sogar elektrische Leitungen verlaufen über Wände und Zimmerdecke, doch es fließt kein Strom.

Draußen wallt am nächsten Morgen dichter Nebel, es ist feucht, kalt und ungemütlich. Der unvergessliche Blick vom „Goldenen Gipfel" hinunter auf ein Wolkenmeer, in dem sich das Reine Land Buddhas abzeichnet, ist uns verwehrt. Wir ersparen uns den Aufstieg auf den Gipfel und treten den Rückweg an.

Um 16.30 Uhr fährt der letzte Bus ins Tal, den wollen wir erreichen, deshalb legen wir kaum eine Rast ein. Wir laufen und laufen, immer treppab. Der Weg scheint kein Ende zu nehmen. Manchmal setzt Nieselregen ein. Auf den glitschigen Steinstufen passe ich höllisch auf, um nicht auszurutschen. Als wir um 16.08 Uhr an der Bushaltestelle stehen, knicken mir vor Erschöpfung fast die Beine weg. Kurze Zeit später erscheint der Bus. Der Busfahrer setzt uns in der nächsten Stadt ab. Und wie kommen wir jetzt zur Herberge? »Zahlt für die 36 Sitze im Bus, und ich fahre euch!« Uns bleibt nichts anderes übrig, als den ganzen Bus zu mieten, und wir rauschen zurück zur Klosterherberge.

An der Rezeption fragt der Englisch sprechende Junge nach meinem Permit, obwohl er es vor zwei Tagen inspiziert hat. »Your Permit please!« Ich durchsuche meinen Tagesrucksack, Hosen- und Jackentaschen: das Papier ist weg! Und dann fällt es mir siedend heiß ein: Es liegt noch im Kloster am »Goldenen Gipfel«. Nein! Ein Mönch hatte es bei der Ankunft gestern Abend einbehalten und heute Morgen habe ich vergessen, es abzuholen. Ohne dieses Dokument kann ich gar nicht weiterreisen! Es ist so wichtig wie der Pass! Ohne Papiere zählt der Mensch nichts auf der Welt, er ist gar nicht vorhanden! Er ist ein Nichts! Die Erfahrung machte schon Zuckmayers Hauptmann von Köpenick. »Geht erst einmal essen«, meint der Junge, »es findet sich schon Rat!«

Nach dem guten Essen begleitet mich der Junge zur Sicherheitsbehörde, die ihren Sitz im Kloster hat. Die beiden alten Männer, die dort Dienst tun, scheinen die Weisheit nicht mit Löffeln gefressen zu haben. Sie verweisen auf ein Gebäude, in dem sich ein Funkgerät befindet. Morgen früh wolle man dort eine Verbindung zum Gipfelkloster herstellen. Die beiden alten Männer nehmen meinen Fall auf und hinterlegen ihr Schreiben in der Radiostation.

Es ist schön, einmal Zeit zu haben, um für eine Woche das Tagebuch nachzuschreiben. Zweimal erkundige ich mich bei dem Jungen, ob man schon eine Verbindung zum Gipfelkloster geschaffen habe. Nichts ist geschehen!

Nach einem Spaziergang ist der Junge nicht mehr da. An der Rezeption sitzt eine unfreundliche Frau ohne Englischkenntnisse. Sie beachtet mich gar nicht und macht sich nicht die Mühe, mich verstehen zu wollen. Was nun?

Ein Chinese aus Hongkong läuft mir über den Weg und ich erzähle ihm von meinem Dilemma. Er geht mit zur Rezeption und erklärt der Frau an der Rezeption die Sachlage. Sie ruft daraufhin bei der Polizei an. »Kommt nach dem Essen wieder!«, sagt sie zu uns.

Im Speisesaal treffe ich einen Engländer, der als Diplomat zwei Jahre bei der britischen Botschaft in Peking gearbeitet hat. Morgen früh will er auf den heiligen Berg steigen, weiß aber noch nicht, ob er bis zum Gipfel klettert: »Dann bringe ich das Permit mit!« Ich selbst bin nicht fit genug, um noch einmal aufzusteigen. Ich habe einen extrem starken Muskelkater und die Erkältung ist bei dem Hundewetter wieder schlimmer geworden.

Das Permit werde heute nach unten gesendet, erfahre ich am nächsten Morgen. Mit steifen Beinen schleiche ich wie eine lahme Katze zum Fuhu-Kloster. Es wurde im 12. Jahrhundert erbaut, nachdem die Menschen einen schwarzen Tiger aus der Gegend vertrieben hatten. In drei Abschnitten zieht es sich den Hang hoch. Ein chinesisches Tor überspannt die steilen Stufen, die zu Hallen und Innenhöfen führen. Vergoldete, deckenhohe Buddha-Statuen sitzen entrückt über Opferaltären, auf denen sich zu Pyramiden aufgeschichtete Äpfel und Orangen türmen. Buddhistische Nonnen haben sie geopfert und Lichter angezündet. Hinter dem Klostergelände schimmern die Bergzüge bläulich durch den Dunst des Tages, den die Sonnenstrahlen nicht zu durchbrechen vermögen.

In den Ausstellungsräumen des Tigerklosters hängen teils preiswerte, teils teure chinesische Malereien zum Verkauf aus. In einer kleinen zoologischen Abteilung betrachte ich ausgestopftes Wild und ausgestopfte Vögel. Tierembryos liegen präpariert in einem Glas und ein ausgestopftes fliegendes Eichhörnchen hängt an einem Band von der Decke.

Am Nachmittag ist mein Permit immer noch nicht eingetroffen, auch am Abend nicht. Ich zeige der Frau an der Rezeption mein Busticket nach Leshan und sage: »Übermorgen fahre ich ab!« Sie ruft die Radiostation an und schickt mich dahin. Ein Junge erklärt mir auf Englisch: »Morgen früh nehmen wir Kontakt zum Gipfelkloster auf, und morgen Nachmittag kannst du das Permit abholen.« Da versteh einer die Welt!

Auch am nächsten Tag gibt niemand das Permit ab und am letzten Tag meines Aufenthalts gehe ich ins Büro für die öffentliche Sicherheit, um ein neues zu beantragen. Ein Polizist und ein Dolmetscher erscheinen: An der Gipfelstation habe man mein Permit einem Wanderer mitgegeben, sagen sie. Der hat es nicht abgegeben. Oder hat er es verloren? »Warte bis 14.00 Uhr. Wenn es dann nicht aufgetaucht ist, stellen wir ein neues aus!« Ich warte — vergeblich. Der Beamte stellt einen neuen Passierschein für Chengdu aus und endlich kann es weitergehen. Am nächsten Morgen bringt mich der Bus in einer Stunde nach Leshan.

Der Große Buddha von Leshan

Östlich des Emei-Gebirges am Zusammenfluss dreier Flüsse, des Minjiang-, Dadu- und Qingyi, erhebt sich die größte aus Sandstein gehauene Buddha-Statue Chinas und schaut auf die Fluten hinab. Im Jahr 713 begannen die Bildhauer unter den Tang-Herrschern mit diesem gewaltigen, 71 Meter hohen und 23 Meter breiten Werk. Sie brauchten 90 Jahre, um es fertigzustellen. Maitreya, der Buddha der Zukunft, sollte die reißende Strömung der Flüsse beruhigen und die vorbeifahrenden Schiffer beschützen.

Kaum bin ich in Leshan aus dem Bus gestiegen, spricht mich ein Achtzehnjähriger an, ob er mich begleiten dürfe, er möchte sein Englisch praktizieren. Wang Lin gehört zu den wissbegierigen, jungen Leuten, die aus eigenem Antrieb lernen. Als Kind erlebte er die Kulturrevolution (1966 – 1976), da war Bildung ein Verbrechen. Die Schulen waren für drei Jahre geschlossen, die Universitäten sogar für vier. 1968 schickte die Partei zehn Millionen Schüler und Studenten aufs Land, damit sie auf den Feldern arbeiteten. Sie sollten das Leben eines Bauern kennenlernen, pflanzten Reis, hüteten die Kühe und fütterten die Schweine. Da war Wang Lin vier. An was er sich wohl erinnert? Ich traue mich nicht zu fragen, weil ich nicht weiß, welche Wunden ich aufreiße. Seine Eltern müssten die Hungersnot Anfang der Sechziger miterlebt haben, als alle Bürger in kleinen, uneffektiven Eisenhütten Metall einschmelzen mussten, weil Mao Zedong aus dem Bauern- einen Industriestaat machen wollte. Die Felder lagen brach, mindestens zwanzig Millionen Menschen verhungerten.

Wang Lin und ich unterhalten uns über neutrale Themen, über sein Studentenleben und wie er sich seine Zukunft vorstellt. Er studiert Machinenbau und wird eines Tages in einer Fabrik arbeiten. Er will auch ein bisschen über Deutschland erfahren.

Mao Zedong, Chengdu, Sichuan

Mindestens zwanzig Minuten marschieren wir bis zur Fähre und setzen über den Fluss. Ein Pfad führt durch den Wald auf den Berg. Auf dem Gipfelplateau breitet sich ein Park um einen Holztempel aus. Er reicht bis an den riesigen, fünfzehn Meter hohen und zehn Meter breiten Kopf des Großen Buddhas. Wir schauen auf seine Locken. Auf schmalen, steilen Treppen steigen wir die Felswand hinunter, gelangen zum Ufer des Flusses und zu den Füßen der Statue. Die Besucher treten dem Großen Buddha auf die Zehen. Den kleinen Buddha-Statuen in den Nischen der Felswand schlugen die Roten Garden während der Kulturrevolution die Köpfe ab und demolierten sie. Wir klettern zurück zur Kuppe und ein anderer Weg führt hinunter zur Anlegestelle am Fluss.

In einem Boot schippern wir auf den Großen Buddha zu. Schon von Weitem schimmert er durch die Wolken. Er verdeckt die in den Himmel wachsende, rötliche Felswand bis zum oberen Rand und füllt die Felsnische aus, in der er steht. In dem trüben Licht wirken seine Konturen verschwommen; blass und farblos, fast geisterhaft, aber trotzdem massig und schwer. Mit aufgestellten Beinen sitzt der Große Buddha über den grünlichen Fluten. Moospolster bedecken sein Gewand, Büsche wachsen in den Falten seines Kleides. Nach der Bootsfahrt laufen wir zurück nach Leshan. Ich verabschiede mich von dem jungen Mann und steige in den Bus nach Chengdu.

Das Rote Becken der Provinz Sichuan ist von Gebirgszügen umgeben: Im Westen erhebt sich der 7556 Meter hohe Gongga Shan, der höchste Berg des Daxue-Gebirges und die höchste Erhebung der Provinz. Das Qinling-Gebirge im Norden ist bis zu 4000 Meter hoch und schirmt die niedrigen Regionen von der Winterkälte ab. Der Jangtse durchfließt Sichuan und bildet streckenweise die Süd- und Westgrenze.

Im Roten Becken herrscht subtropisches Klima. Die Bauern bauen Reis an, Mais, Weizen, Süßkartoffeln, Raps und Soja. Zurzeit ernten sie den Reis. Alle haben Arbeit und niemand muss hungern, erzählt mir ein junger Mann. Die Menschen leben in Kommunen. Mao Zedong hatte jedem eine Arbeit zugesichert. Der Lebensstandard ist niedrig, aber ich habe bisher noch keinen einzigen Bettler gesehen. Und niemand verreckt auf der Straße wie in Indien.

Nach fünf Stunden Fahrt erreicht der Bus Chengdu, die Hauptstadt der Provinz. Im Jin Jiang Hotel, einem riesigen Kasten im Zentrum, komme ich für wenig Geld in einem Dreibettzimmer unter. In allen großen Touristenhotels gibt es Zimmer aller Preisklassen, Mehrbettzimmer und Schlafsäle. Letztere sind oft von Chinesen belegt. Es ist offensichtlich nicht erlaubt, Chinesen und Ausländer zusammen in einem Raum unterzubringen. Oft habe ich ein Mehrbettzimmer für mich allein oder ich teile es mit ein oder zwei Touristinnen, die ankommen. Dann gehen wir zusammen essen und besichtigen die Stadt. Wir tauschen uns aus und geben Tipps für die Weiterreise. Alle Alleinreisenden sind froh, ab und zu in Gesellschaft zu sein, vor allen Dingen in einem Land, in dem die Verständigungsprobleme immens sind. Nur wenige Chinesen sprechen Englisch. Auch in den großen Touristenhotels haben die Angestellten Schwierigkeiten, den ausländischen Besucher zu verstehen. Schlüsselwörter wie »Bank«, »Toilette«, »Hotel«, »Telefon« gibt es im Chinesischen nicht. Die meisten chinesischen Hotels haben keine Befugnis, Ausländer aufzunehmen.

Kaum in Chengdu angekommen, kaufe ich an der Rezeption einen Stadtplan und kümmere mich um die Formalitäten und die Weiterfahrt. Als Erstes suche ich das Amt für die öffentliche Sicherheit. Wo ist es nur? Mehrere Male halte ich den Menschen auf dem Gehweg meinen Stadtplan unter die Nase: Wo ist das Amt? Sie verstehen mich nicht. Oder sie wissen es nicht. Bei einem jungen Chinesen vor einem Laden fällt der Groschen, er setzt mich kurzerhand auf den Gepäckträger seines Drahtesels, tritt in die Pedale und setzt mich nach einer etwa zwanzigminütigen Fahrt vor einer Polizeistation ab. Ein Polizist schreibt mir die Adresse der Behörde in chinesischen Schriftzeichen auf. Ich setze mich in den Bus und erreiche problemlos das Amt. Eine Beamtin stellt das Permit für Baotou und Hohot in der Inneren Mongolei aus und für Turfan in der Taklamakan-Wüste. Sie spricht ein bisschen Deutsch! Auf einer englischsprachigen Karte zeige ich ihr andere Orte, die ich besuchen möchte. Ich habe den Eindruck, dass sie trotz der Karte nicht alle Ortsnamen versteht. Die chinesischen Schriftzeichen fehlen eben. Das Permit sei um 14.00 Uhr fertig, sagt sie. Mit dem Bus fahre ich zum Bahnhof, besorge mir eine Zugfahrkarte nach Xi'an, der alten Kaiserstadt mit der berühmten Terrakottaarmee, hole mein Permit ab und kann mich nun endlich den interessanten Dingen des Lebens zuwenden, meiner Besichtigungstour durch die Hauptstadt Sichuans. Chengdu blickt auf eine 2000-jährige Geschichte zurück. Ich starte meinen Rundgang.

Die überlebensgroße, weiße Statue Mao Zedongs steht auf einem großen, kahlen Platz im Zentrum der Stadt. Mao hebt grüßend seine Hand, der große Steuermann, die Sonne, die im Osten aufging, der Messias der Neuzeit, der Gott der Jugend! Er trieb das Land in den Ruin und wird trotzdem bis heute verehrt. Für die Verbrechen und die katastrophalen Folgen der Kulturrevolution machten die Richter im November 1980 in einem Schauprozess die Viererbande verantwortlich, unter ihnen war die Witwe Mao Zedongs, Jiang Qing. Sie wurde zum Tode verurteilt und zu lebenslanger Haft begnadigt. Mao Zedong wurde nur zu 30 Prozent für schuldig befunden. Wäre ein voller Schuldspruch eine Bankrotterklärung für den Kommunismus? Hatte die kommunistische Partei Angst, ihr eigenes Scheitern zugeben zu müssen und ihr Gesicht zu verlieren? Von den zwei Millionen Rotgardisten wurde niemand zur Rechenschaft gezogen. Die Beteiligten schwiegen und schweigen. Die jüngste Vergangenheit verschwimmt im Diffusen.

Mao Zedong wird mit Qin Shihuangdi (221 – 206 v. Chr.) verglichen, dem ersten Kaiser eines vereinten Chinas. Qin Shihuangdi ließ Bücher verbrennen und 460 Gelehrte hinrichten. Er begann mit dem Bau der Großen Mauer und er zwang die Menschen zur Fronarbeit. Unter ihm erstellten die Bildhauer die Terrakottaarmee, die sein Grab bewachen sollte. Im Vergleich zu Mao Zedong war er ein Waisenknabe, denn Mao ließ hundertmal mehr gebildete Menschen umbringen. Sein Kampf richtete sich gegen reiche Landbesitzer, Konterrevolutionäre und sogenannte Rechtsabweichler.

Manche Kaiser, die das Volk vor Überschwemmungen und Hungersnöten nicht bewahren konnten, verwirkten das Mandat des Himmels. Sie wurden zum Teufel gejagt. Das Ansehen Maos litt kaum. Er war einer der großen Schlächter des 20. Jahrhunderts, hinterließ ein kulturell und wirtschaftlich verwüstetes Land und musste sich nicht verantworten. Die Einstellung des chinesischen Menschen zur politischen Führung ist mir bis heute rätselhaft. Auch überzeugte Parteigenossen fielen in Ungnade, wenn sie sich inadäquat geäußert hatten, so auch Deng Xiaoping, der nach Maos Tod die Führung übernahm. Man enthob ihn seiner Ämter, demütigte ihn und warf seinen Sohn zum Fenster hinaus. Der landete im Rollstuhl. Deng Xiaoping übte Selbstkritik, entschuldigte sich und hoffte rehabilitiert zu werden. Obwohl man das Leben seines Kindes ruiniert hatte, blieb er der Partei treu, eine mir unverständliche Reaktion. Grübelnd laufe ich weiter.

Chengdu liegt im regnerischen Dunst des Oktobers. Neben breiten, modernen und gesichtslosen Bezirken gibt es alte Ortsteile mit niedrigen Häusern und baumbestandenen Sträßchen. Radfahrer beleben die Straßen. Ein Rikschafahrer transportiert gleich drei Schränkchen durch die Stadt. Eine Gans streckt ihren Hals angstvoll aus einem Fahrradkorb auf dem Gepäckträger einer Radfahrerin. An den Kreuzungen stehen Aufpasser, schwenken roten Fahnen und dirigieren Fußgänger und Fahrradfahrer über die Kreuzung. Wenn kein Lotse da ist, geht jeder wie er will, egal ob die Ampel auf Rot steht oder nicht. Straßenfegerinnen mit Mund- und Nasenschutz kehren Meter für Meter den Schmutz von den Bürgersteigen.

Sichuan ist für seine gute Küche bekannt. Im Restaurant des Jin Jiang Hotels bekomme ich Reis und eine mit Sichuanpfeffer und Chili scharf gewürzte Bohnenpaste, die auf der Zunge brennt und den Gaumen betäubt. Das beiliegende Hühnergulasch mit Erdnüssen ist eine feine Mahlzeit!

Am liebsten schlendere ich durch die alten Viertel. In den schmalen, mit Ginkobäumen gesäumten Straßen reihen sich zweistöckige, fachwerkähnliche Häuser aneinander. In den Kramläden hängen Kinderkleidung, Pullover und Baumwollanzüge im Türrahmen. Glas- und Bandnudeln, Pfeffer, Chili und Paprika liegen aus. Reis, Zucker und Mehl kauft man aus einem Sack. Frauen sitzen in Sesseln aus Bambusrohr auf dem Gehsteig und plauschen. Die Atmosphäre ist entspannt. Spezielle Sehenswürdigkeiten kann ich nicht entdecken und weiß auch nichts davon. Darum geht die Reise weiter.

Die Kleine Wildganspagode in Xi'an, Shaanxi

Der Zug nach Xi'an rattert durch das Rote Becken Sichuans und nachmittags durch Gebirgsland. Die Strecke führt durch Flusstäler und Tunnel und über Brücken. Am Mittwochmorgen um 4.00 Uhr komme ich nach 18-stündiger Fahrt in Xi'an an.

Im großen, schmutzigen Wartesaal drängen sich Menschen dicht an dicht, hocken auf ihrem Gepäck oder liegen ausgestreckt auf dem Boden. Meine Schlafmatte habe ich in Hongkong gelassen und in den Dreck mag ich mich nicht legen. Im Liberation Hotel gegenüber dem Bahnhof schließt man mir – oh Wunder! – das dicke Eisentor auf und lässt mich auf einer Bank neben der Rezeption schlafen. Um 9.00 Uhr darf ich aufs Zimmer ziehen und erfrische mich. Im großen Hotel gegenüber kaufe ich eine Stadtkarte und eine Landkarte der Umgebung und mache mich auf den Weg.

Xi'an liegt am Wei-Fluss, einem großen Nebenfluss des Gelben Flusses. Elf der chinesischen Dynastien verlegten ihre Residenz in diesen fruchtbaren Landstrich, in dem sich schon im fünften Jahrtausend vor unserer Zeitrechnung Menschen niederließen, Hirse anbauten, Fische im Fluss fingen und schön verzierte Keramiktöpfe herstellten.

Der erste Kaiser Chinas, Kaiser Qin Shihuangdi, der »Erste Göttliche Erhabene« (259 v. Chr. – 210 v. Chr.), vereinte die damals sieben gegeneinander streitenden Reiche und begründete die Qin-Dynastie (221 v. Chr. – 206 v. Chr.). Er residierte in Xianyang, ein paar Kilometer vom heutigen Xi'an entfernt. Mit dreizehn Jahren dachte er bereits an die Endlichkeit seines Lebens und begann mit dem Bau eines Mausoleums, in dem seine sterblichen Überreste einmal ruhen sollten. 8000 überlebensgroße Keramiksoldaten, versehen mit edlen Pferden, Streitwagen und Waffen, sollten ihn im Jenseits bewachen und schützen. Zehntausende Bildhauer und Bauarbeiter waren 36 Jahre lang am Werk.

Die in Schächten aufgestellten tönernen Soldaten wurden 1974 zufällig entdeckt. Die Archäologen gerieten angesichts der Monumentalität und Pracht der Anlage aus dem Häuschen und begannen mit den Ausgrabungen. Die Terrakottaarmee des ersten Kaisers von China war bald in aller Munde und ihr Besuch fehlt in keinem Programm einer Chinareise.

Bei meinem Besuch 1982 haben die Archäologen erst ein riesiges Feld freigelegt, an zwei weiteren Feldern graben sie bereits. Ein Wellblechdach schützt das Areal. Ein mit einem Eisenzaun gesicherter Erdweg umgibt die

Ausgrabungen. In Viererreihen füllen die Krieger die langen Gänge und wir Besucher schauen von oben auf die Armee. Das Fotografieren ist verboten. Kontrolleure bewachen uns. Der Drang, ein eigenes Foto zu besitzen, nimmt bei mir überhand. Wenn ich eines Tages bei Freunden von der Terrakottaarmee schwärme, kann ich nicht ohne Foto dastehen! Ich zücke die Kamera und versuche, aus der Hüfte eines zu schießen. Ganz schnell habe ich ein Foto gemacht und ganz schnell hat mich eine der Aufpasserinnen ertappt. Sie will mir die Kamera abnehmen. Kommt nicht in Frage! Nur über meine Leiche! Wir ziehen beide an meiner Kamera. Ob sie den erbitterten Widerstand spürt? Merkt sie, dass sie auf Granit beißt? Sie lässt mich gehen und fordert auch nicht den Film. Den hätte sie allerdings auch nicht gekriegt. Allenfalls eine Strafe hätte ich bereitwillig bezahlt.

In der Nähe der Terrakottaarmee befinden sich die heißen Quellen von Huaqing in einem Park. Seit 3000 Jahren erholten sich die Herrscher in diesem Lustgarten und entdeckten die Heilkräfte des Thermalwassers. Vor allen Dingen die Tang-Kaiser vergnügten sich in steinernen, wohlgeformten und mit Dekor verzierten Badewannen, in die heute der normal Sterbliche steigen darf, um sich träumend, umflutet von der Hitze des Wassers, in das Leben eines Kaisers versetzen zu können, der hier mit seinen Konkubinen spielte. Die Originalgebäude sind zerfallen, die Ruinen stehen noch. Mit steinernen Drachen besetzte Einfassungen umlaufen ein Wasserbecken, Wandelgänge durchziehen den Park, chinesische Besucher sitzen in Pavillons und auf dem Geländer von Marmorbrücken und genießen den Ausflug, Gladiolen blühen und hinter Trauerweiden schimmern die Berge in der Ferne.

Die Tour zur Terrakottaarmee schließt neben dem Besuch der heißen Quellen noch einen Abstecher nach Ban Po ein. Ban Po, ein 6000 Jahre altes neolithisches Dorf östlich von Xi'an, wurde 1954 entdeckt. Der überdachte Ausgrabungsort zeigt die Grundrisse runder und eckiger Hütten, Vorratskammern und Feuerstellen. Ein Schutzgraben lief um die Siedlung. Im Museum liegen die Gebrauchsgegenstände der Dorfbewohner aus: Töpfe, Steinbeile, Jagdwerkzeuge, Angelhaken. Besonders schön ist die Keramik aus rötlichem Ton, die mit schwarzen Mustern und stilisierten Tierformen fein verziert ist.

Kaiser Qin Shihuangdi ließ nicht nur die Terrakottaarmee erstellen, sondern er war auch am Bau der 6350 Kilometer langen Großen Mauer maßgeblich beteiligt. In seinem Bauwahn zwang er die Bauern zur Fron und riss die Familien auseinander. Er duldete nicht den leisesten Widerspruch, beanstandete die Kritik der Gelehrten und beging einen Frevel, den die Menschheit niemals vergisst: Er verbrannte ihre Bücher, darunter philosophische Schriften und literarische Werke von unschätzbarem Wert. Als Schriftsteller, Dichter, und Philosophen protestierten, ließ er 460 von ihnen hinrichten.

Neben den Untaten dienten einige Maßnahmen des Despoten dem Wohle des Volkes: Er ließ Überlandstraßen und Kanäle bauen, führte eine einheitliche Schrift und eine einheitliche Währung ein. Die ersten chinesischen Münzen wurden geprägt, die Maße von Längen und Gewichten festgelegt und die Achsenbreite der Wagen wurde bestimmt. Die Grundzüge der Schrift, die er damals entwarf, sind bis heute erhalten geblieben.

Die Herrscher der Han-Dynastie (206 v. Chr. – 220 n. Chr.) erbauten Chang'an am südlichen Wei-Ufer in der Nähe des heutigen Xi'an. Die »Stadt des immerwährenden Friedens« entwickelte sich zur Metropole und war für fast 400 Jahre das politische und kulturelle Zentrum des chinesischen Reiches. Sie bildete das östliche Ende der Seidenstraße und bedeutete das Tor zur Welt. Im sechsten Jahrhundert, als die Han-Dynastie längst vergangen und der Ruhm der Weltstadt verblasst war, belebten die Kaiser der Tang-Dynastie (617 n. Chr. – 907 n. Chr.) Chang'an erneut. Eine Millionenstadt entstand, das Tang-Imperium weitete sich bis nach Zentralasien und Südsibirien aus.

Die Epoche der Tang gilt als das Goldene Zeitalter in der Geschichte Chinas. Die Herrscher förderten Kunst und Kultur, der Buchdruck und das Schießpulver wurden erfunden. Die dreifarbige Keramik — glasierte Figuren, Reiter und Rösser — vergisst man ihrer ausgewogenen und harmonischen Formen wegen nie wieder, wenn man sie einmal gesehen hat.

Die Dichter Li Bai und Du Fu lebten im achten Jahrhundert. Sie hinterließen Gedichte, die im 19. Jahrhundert im Westen übersetzt wurden. Die Lehre des Buddhismus breitete sich aus und der Kaiser begünstigte den Bau von Klöstern. Es entstanden in Felswände gemeißelte Gruppen buddhistischer Höhlentempel, die die Bildhauer der damaligen Zeit aufs Feinste gestalteten und deren Schönheit mir noch die Sprache verschlagen sollte.

Viele der geschichtlichen Überreste der alten Kaiserstadt stammen aus der Ming-Zeit (1368 – 1644), zum Beispiel die Stadtmauer mit dem Nord-, Süd-, Ost- und Westtor. Sie ist 13,6 Kilometer lang und umschließt die Innenstadt. Ihre Höhe beträgt zwölf Meter, die Mauerkrone besteht aus einer zwölf Meter breiten Straße.

Der Glockenturm am Kreuzpunkt der Ausfallstraßen ist eines der Wahrzeichen der Stadt. Er steht mit drei Stockwerken und drei geschwungenen Dächern auf einem quadratischen, von Toren durchbrochenen Sockel. Seine

Glocke läutete die Nacht ein. Die Tore der Stadt wurden geschlossen und die Zugbrücken hochgezogen. Wenn die Signaltrommeln im nahe gelegenen Trommelturm ertönten, begann der Tag. Man öffnete die Tore, zog die Zugbrücken hoch und jeder hatte Zutritt zur Stadt oder konnte sie verlassen.

Im Büro für die öffentliche Sicherheit bitte ich um Verlängerung meines Visums. Eigentlich sei keine zweite Verlängerung möglich, sagt die Beamtin, »aber ich gebe Ihnen vierzehn Tage!« Ich nutze die Gelegenheit und schwärme von China, wie schön das Land, aber auch wie fern allein die Oase Turfan in der großen Taklamakan-Wüste im Nordwesten sei. Die Zeit reiche nicht aus, um mein Programm zu verwirklichen. Die junge Chinesin lächelt mich freundlich an und verlängert mein Visum um zwanzig Tage! Überglücklich verlasse ich das Amt, um die Kleine Wildganspagode außerhalb der Stadtmauern zu besuchen.

Mit dreizehn Stockwerken erhebt sie sich inmitten eines Parks dreiundvierzig Meter hoch in den Himmel. Der ockerfarbene Ziegelbau, den die Tang-Kaiserin Wu Zetian zum Gedenken an ihren verstorbenen Gemahl errichten ließ, verjüngt sich nach oben und zeichnet eine elegant geschwungene Linie in den Himmel. Auskragende Vorsprünge schließen die einzelnen Geschosse ab und strukturieren den Bau. Im stillen Park rund um die Pagode sitzen Studenten und Studentinnen der Malerei in Gruppen zusammen, vor sich Palette und Pinsel, studieren die Konturen und die Schattenrisse der Kleinen Wildganspagode und erschaffen sie auf ihrer Leinwand neu. Ein beschauliches Bild! Sonst ist weit und breit kein Mensch zu sehen.

Die Große Wildganspagode, berühmt wie ihre kleine Schwester, aber älter, entstand im Jahr 652. Mit sieben Stockwerken erhebt sie sich dreiundsiebzig Meter hoch und wirkt gegenüber der Kleinen Wildganspagode gedrungen und wuchtig. Kaiser Gaozong veranlasste den Bau, als der Mönch Xuanzang aus Indien zurückkehrte und eine Bibliothek buddhistischer Schriften mitbrachte, die dann ihren Platz in der Großen Wildganspagode fand. Im »Tempel der Großen Gnade und Güte« übersetzte Xuanzang mit seinen Schülern die Sanskrit- und Pali-Texte ins Chinesische. Der Tempel umfasste dreizehn Höfe. Rund 3000 Mönche aus dem In- und Ausland lebten und studierten hier. Auf knarrenden Treppen steige ich zur Spitze und genieße einen weiten Blick über die alte Kaiserstadt Xi'an.

Das Museum der Provinz Shaanxi befindet sich in einem während der Qing-Dynastie (1644 – 1911) erbauten Konfuzius-Tempel. In zehn Hallen sind Fundstücke ausgestellt. Die ältesten stammen aus der Zhou-Dynastie (1122 – 770 v. Chr.). Es sind bronzene Gefäße und eiserne Geräte zur Feldbestellung. Grabbeigaben aus der Han-Zeit (206 v. Chr. – 220 n. Chr.), Tonfiguren und tönerne Hausmodelle künden von den handwerklichen und künstlerischen Fähigkeiten der damaligen Menschen. Uralte Exponate aus der Qin-Dynastie (221 -206 v. Chr.) liegen aus, die schönen Keramiken der Tang-Dynastie (618 – 907 n. Chr.) fehlen auch nicht.

Eine Besonderheit des Museums ist die Sammlung der 2300 Gedenksteine, die man seit dem Jahr 1090 zusammengetragen hat. Sie bilden den Stelen-Wald »Bei Lin«, wie er auf Chinesisch heißt. Philosophische Ausführungen, Werke der Literatur und Ereignisse der Geschichte sind in Stein gehauen. Die Stelen mit den konfuzianischen Klassikern aus dem Jahr 175 sind die ältesten, sie standen einst in Luoyang. Die Nestorianer-Stele aus dem Jahr 781 erinnert an die christliche Mission des Syrers Aloben, der im 7. Jahrhundert die erste christliche Kirche in Chang'an errichtete.

Der Stelen-Wald präsentiert verschiedene Schriftstile und ist eine Schatzkammer der chinesischen Kalligrafie. Viele der Steintafeln stehen auf steingehauenen Schildkröten. Das Tier passt gut zu der alten Literatur, denn es symbolisiert langes Leben. Die Idee, die alten Werke in Schönschrift in Stein zu hauen, garantierte ihren Erhalt, während Bücher und Papyrusrollen im Laufe der Jahrhunderte von Milben und Holzwürmern zerfressen wurden.

Abdrucke der Stelen kann der Interessierte im Museumsshop kaufen. Auch wenn ich die chinesische Sprache nicht lesen kann, gefallen mir die schwungvoll gesetzten Schriftzeichen, die gemalten Worte der chinesischen Sprache.

Ich komme mit zwei Studenten, Chen Bo und Wang An, ins Gespräch, die sich auch interessiert im Stelen-Wald umgucken. Ich lade beide zum Essen in ein Restaurant in der Nähe ein. Wir bestellen Nudelsuppen und duftendes Fladenbrot, die Delikatesse der Stadt, und sprechen über die Gegenwart und Zukunft, aber nicht über die Vergangenheit.

Ich scheue mich, über Politik zu sprechen und rühre das Thema des Kommunismus nicht an, heute nicht und auch auf späteren Chinareisen nicht, es sei denn, mein Gegenüber schneidet das Thema an. Fragen in der Richtung — was denkst du über Mao, den Kommunismus, die Partei, wie war die Kulturrevolution — könnten meine Gesprächspartner in Verlegenheit bringen. Die Fragen kommen mir zu persönlich vor. Die Menschen haben die Säuberungsaktionen unter Mao Zedong, Gewaltexzesse und Unterdrückung gewiss nicht vergessen, vielleicht haben sie sie verdrängt. Ich habe den Eindruck, dass die

Chinesen im Hier und Jetzt stehen und nicht zurückschauen, sondern in die Zukunft. Das Leben geht weiter.

Ich hatte Chen Bo und Wang An eingeladen und nun zahlen sie die Rechnung. Ich kann mich nicht dagegen wehren. Als Sieger gehen sie aus der Debatte hervor. Für den Gast, das werde ich immer wieder erfahren, gibt der Chinese sein letztes Hemd. Er bewirtet ihn, geleitet ihn zur Tür und die Treppe hinunter bis zum Tor, das auf die Straße führt. Auf meinen späteren Radtouren in den Neunzigern geschah es öfters, dass Rad- oder Motorradfahrer vorausfuhren und mich exakt bis zum Dorf- oder Stadtrand brachten, um sich dann zu verabschieden.

Ich trenne mich von Chen Bo und Wang An und laufe am Trommelturm vorbei ins moslemische Viertel von Xi'an. Die Große Moschee »Qing Zhen Si« wurde schon im achten Jahrhundert während der Tang-Zeit gegründet. Das Besondere: Sie wirkt wie ein chinesischer Tempel. Mit den Moscheen der Araber, die mit eindrucksvollen Kuppeln und Minaretten glänzen, hat sie keine Ähnlichkeit.

In Xi'an krönt ein steinernes, von Mustern durchbrochenes Band die geschwungenen grauen und blaugrünen Ziegeldächer der Gebäude und Pavillons, kreisrunde Schmucksteine besetzen die auslaufenden Rippen. Durch ein hölzernes chinesisches Tor betrete ich den ersten Hof. Verzierte Mauern trennen die Höfe voneinander ab. Die Gebetshalle im letzten Hof ist aus Holz erbaut, ihre Decke bemalt. Einer der Pavillons dient als Minarett. Die Muslime wohnen in niedrigen Lehmhäusern rund um die Moschee. Ein schwarzer Schleier bedeckt das Haupt der Frauen, Männer tragen eine weiße oder schwarze Kappe.

Ins Hotel zurückgekehrt, bekomme ich am Abend überraschend einen Anruf. Wer kann das sein? Chen Bo! Er möchte mir helfen, die Zugfahrkarte nach Lanzhou zu kaufen. Die habe ich schon allein organisiert. Chen Bo kommt trotzdem vorbei und bringt Medizin gegen meine Erkältung mit. Ich will ihn auf mein Zimmer einladen, damit wir uns unterhalten können, habe aber nicht mit dem Hotelpersonal gerechnet: Das sei nicht erlaubt! So gehen wir in ein Teehaus in der Nähe. Chen Bo ist begeisterter Schwimmer. Er schenkt mir ein paar Schwarzweißfotos von sich, die heute noch in meinem Tagebuch kleben. Jeden Tag schwimmt er im Fluss, auch im Winter. Auf den Fotos steht er mit seinen Freunden barfuß im Schnee, das einzige Kleidungsstück eine Badehose, im Hintergrund das dunkle Band des Flusses. Die jungen Männer sind abgehärtet, durchtrainiert, muskulös und schön

Wandmalereien in der Totenstadt Qianling, Xi'an, Shaanxi

wie griechische Statuen. Sie werden auch den Fluss des Lebens erfolgreich durchschwimmen. — Angeregt unterhalten wir uns bis 23.00 Uhr.

Zu einem Spottpreis habe ich eine Tour zu den Kaisergräbern der Tang gebucht, die sich nordöstlich der Stadt befinden. Mit großem Pomp wurden die Herrscher, ihre Gemahlinnen, die Prinzen, Prinzessinnen und Würdenträger in Hügelgräbern beigesetzt. In der Totenstadt Zhaoling ruht der zweite Herrscher der Tang-Dynastie, in der Totenstadt Qianling der dritte.

Frühmorgens steige ich mit meinen chinesischen Mitreisenden in den altertümlichen, kastenförmigen Bus. Wir rumpeln hinein in einen sonnigen Tag. Auf der gelben Erde, den Lössschichten, breiten sich Mais- und Baumwollfelder aus. Die Bauern pressen die Erde zu Lehmziegeln und errichten damit ihre Häuser, gelbe Häuser auf gelbem Land. Eine Lehmmauer umfriedet jeweils eine Handvoll Häuser.

Erdhöhlen dienen als Vorratskammern und als Wohnung. Mais und Baumwolle liegen zum Trocknen am Rande der Straße. In Ziegeleien am Straßenrand brennen die Arbeiter die in Handarbeit erstellten Ziegel in schmalen, hohen, mit Kohle befeuerten Lehmöfen. Die Landschaft ist in weißes Herbstlicht getaucht.

Zuerst fahren wir zur Nekropole Zhaoling direkt zum Nordeingang. Der 1180 Meter hohe Jiuzong-Berg wirkt mächtiger als ein aufgeschütteter Grabhügel. Außer dem Grab des Kaisers Taizong (599 – 649) gibt es mehr als zweihundert Nebengräber. Eine 60 Kilometer lange Mauer umgibt den Berg. Der machtbesessene Kaiser Taizong trieb seinen eigenen Vater aus dem Amt und brachte einige seiner Brüder um. Trotz dieses mörderischen Auftakts seines Regierungsantritts im Jahr 626 war er einer der erfolgreichsten Herrscher Chinas. Er dehnte seinen Machtbereich bis nach Zentralasien aus und brachte die koreanische Halbinsel unter seine Kontrolle. Die Wirtschaft erstarkte, die chinesische Kultur beeinflusste die der Nachbarstaaten, einige übernahmen die chinesischen Schriftzeichen.

Ein langer Gang führt steil hinunter zur Grabkammer des Kaisers Taizong. Die Nachbildungen seiner Lieblingsrösser am Eingang weisen auf seine Jagdleidenschaft hin. Ein riesiger Steinsarg füllt die Grabkammer fast aus, Malereien, die das höfische Leben darstellen, bedecken die Wände. In Vitrinen stehen fein bemalte Figuren der Tang-Zeit, Würdenträger mit schwarzem Kopfschmuck, Gelehrte, grazile Frauen.

Wir fahren weiter zur Totenstadt Qianling. Sie erstreckt sich auf dem 1049 Meter hohen Liang-Berg, der die Ebene 400 Meter überragt. Hier liegt der dritte Herrscher der Tang-Dynastie begraben, Kaiser Gaozong mit seiner Gemahlin Wu Zetian. Er regierte von 649 – 683. Gaozong setzte die erfolgreiche Politik seines Vaters fort. Nach seinem Tod ernannte sich seine Gattin zur Kaiserin, sie blieb die einzige Kaiserin in der langen Geschichte Chinas.

Der Bus brummt den königlichen Weg hinauf. Der straßenbreite Zugang führt zwischen zwei Hügeln hindurch, die wie die Pfosten eines riesigen Eingangstors zur Nekropole wirken. Leider halten wir nicht an. Zu gerne wäre ich zu Fuß gelaufen. Lebensgroße Skulpturen, die Wächter, Diplomaten und Pferde darstellen, säumen den Prachtweg. Zwei geflügelte Pferde und zwei straußenartige Vögel fallen mir auf. Eine Gruppe von 61 Statuen stellt die Abgesandten aus dem Ausland dar, die am Tang-Hof weilten und mit Ehrentiteln ausgezeichnet wurden. Vom Grabhügel bietet sich eine fantastische Aussicht auf die Umgebung. Wir blicken auf die Terrassenfelder unter uns und auf einen Fluss, der die Landschaft in zwei Hälften teilt.

In der Nähe besuchen wir die Grabstätten der Prinzessin Yongtai und des Prinzen Yide. Die Wände der Gänge und Korridore sind delikat bemalt und stellen das höfische Leben dar: Die hochgestellten Herren gingen auf die Jagd oder spielten Polo, ein damals beliebter Zeitvertreib. Die Hofdamen zeigen sich im Müßiggang, ihr Haar ist hoch aufgesteckt, ihr Hals schwanenhaft gebogen. Sie lebten auf kleinem Fuß, um den Männern zu gefallen. Schon den kleinen Mädchen band man die Füße ab, brach ihnen die Zehen und knickte sie unter die Fußsohle. Die verkrüppelten Füße schmerzten ein Leben lang. Ein anmutiger Gang war nicht mehr möglich. Doch die Lilienfüße, auch Lotosfüße genannt, waren das Schönheitsideal während der Kaiserzeit. Die Hilflosigkeit machte die Frauen begehrenswert, sie konnten nicht weglaufen und mussten sich den Umständen fügen. Die bandagierten Füßchen entzückten den Kaiser und die Adeligen und wirkten erotisierend. Ein Aphrodisiakum steigerte ihre Lust. Bis heute glauben die Chinesen an die potenzsteigernde Wirkung von zermahlenen, getrockneten Seepferdchen, Haifischflossen, und sie zerstoßen das Trockenfleisch von Tiger, Wal und Schlange. Bis Anfang des 20. Jahrhunderts band man den adeligen Damen die Füße ab. Nur ein einziges Mal bekomme ich eine verhutzelte, schwarz gekleidete Frau zu Gesicht, die auf ihren kleinen Füßen kaum stehen kann. Gestützt auf einen Krückstock geht sie gebeugt und unbeholfen über die Straße. Bäuerinnen dagegen lebten auf großem Fuß. Sie mussten den Haushalt bewältigen, im Stall die Kühe melken und die Schweine füttern und auf den Feldern arbeiten. Ein Bauer konnte sich eine reizende Frau nicht leisten. – Im zugehörigen Museum stehen die meisterhaft gestalteten Figürchen der Tang-Zeit neben Keramikgefäßen, Vasen, Gold- und Silberschmuck.

Wir kehren nach Xi'an zurück. Breite gesichtslose Straßen durchlaufen die Stadt. Bis auf die sensationellen Sehenswürdigkeiten finde ich sie nicht sehr ansprechend. Am nächsten Abend begleitet Chen Bo mich zum Bahnhof. Kurz bevor der Zug nach Lanzhou, der Hauptstadt der Provinz Gansu, abfährt, holt er uns schnell ein Eis, dabei hat er kaum Geld!

Durch Gansu nach Xinjiang in den Nordwesten

Lanzhou am Gelben Fluss und die Binglingsi-Grotten

Als ich aufwache, durchfahren wir Bergland. Braungelbe Hügel durchsetzen die Landschaft, die Farbe der Lehmhäuser passt zur Farbe der Erde. Die Felder sind frisch gepflügt. Flüsse haben sich senkrecht ins Erdreich eingegraben. Der Himmel ist dunstig verhangen. Im Gegenlicht wirkt das Land, das aus dicken Lössschichten besteht, farblos. Nach sechzehn Stunden Fahrt läuft der Zug am frühen Nachmittag in Lanzhou ein. Auf dem Bahnhof spricht mich ein Student auf Englisch an: »Darf ich Sie begleiten? Ich möchte mein Englisch praktizieren.«

Die Männer und Frauen, die mich ansprechen, sind immer neugierig auf die Ausländerin: Woher kommt sie, wohin geht sie? Die Unbekannte bringt den Duft der Fremde in ein Land, das sich Jahrzehnte gegen Einflüsse von außen gewehrt hat. Gleichzeitig probieren sie ihre Englischkenntnisse aus. Würde ich sie verstehen? War eine Unterhaltung möglich? Sie haben den Mut, Fragen zu stellen, auch wenn die Fremdsprachenkenntnisse nicht immer groß sind. Und ich überlege, wie sie ihr Englisch so schnell haben verbessern können, denn jahrelang war Bildung ein Verbrechen, das Erlernen einer Fremdsprache tabu. Nach Mao Zedongs Tod im Jahr 1976 schwenkte Deng Xiaoping das Ruder herum. Neben den alten Schulen und Universitäten entstanden neue in Peking, Shanghai und in anderen Städten. Die Wissbegier und Lernbereitschaft vieler Menschen ist ungebrochen. Während der Kulturrevolution haben sie wahrscheinlich im Verborgenen gelernt.

Der junge Mann begleitet mich im Bus Nummer eins zum Friendship Hotel, einem Touristenhotel, in dem ich unterzukommen hoffe. Mindestens eine halbe Stunde sind wir unterwegs. Im Schritttempo schaukelt der Bus durch die Straßen der Industriestadt. Die Fahrt ist vergeblich, denn das riesige Hotel ist ausgebucht. Gut, dass ich in Begleitung bin. Der junge Mann fährt mit mir zurück und zeigt mir das Lanzhou Hotel, wo ich in ein Doppelzimmer für acht Yuan einziehe.

Lanzhou selbst hat trotz seiner 2000-jährigen Geschichte nicht viel zu bieten. Ich bin wegen der buddhistischen Binglingsi-Grotten hier, die möchte ich sehen! Sie liegen etwa 75 Kilometer südwestlich der Stadt. In einem der Buchläden Hongkongs hatte ich ein Foto davon entdeckt und war begeistert. Solch einen großen, in eine Felswand gehauenen Buddha, der über einen einsamen See blickt, hatte ich noch nicht gesehen. Keine Mühe wollte ich scheuen, ihn leibhaftig vor mir zu sehen. Der Buddha von Leshan, den ich in der Nähe Chengdus besucht hatte, war einer der größten der Welt und der Buddha in den Binglisi-Grotten schien mir einer der schönsten zu sein.

»Frag im Friendship Hotel nach Touren!«, rät mir ein Amerikaner. Für heute ist es zu spät. Nur noch drei Dinge gibt es für mich zu tun, baden, essen und zehn Stunden schlafen.

Am nächsten Morgen fahre ich erneut zum Friendship Hotel. »Übermorgen fährt eine Gruppe Italiener zu den buddhistischen Höhlentempeln«, teilt der Mann an der Rezeption mir mit. »Komm heute Nachmittag vorbei und setz dich mit der Reiseleitung in Verbindung!«

Lanzhou liegt am Gelben Fluss, der mit 6464 Kilometern der zweitlängste Strom Chinas nach dem Jangtse ist. Der Huang He, wie ihn die Chinesen nennen, durchfließt die bis zu 400 Meter dicken Lössschichten Nordchinas und schwemmt riesige Mengen der feinen, gelben Erde mit sich fort, Flugstaub, der aus den Wüsten und Steppen Zentralasiens herüberweht. Die Partikel, die das schäumende Wasser mit sich reißt, setzen sich in der langsamer werdenden Strömung des Mittellaufs ab und mit der Zeit bildete sich der »hängende Fluss«: Seine bis zu zehn Meter hohen Deiche rahmen das Flussbett ein und sollen die Wassermassen zähmen. Immer wenn ein Deich bricht, verwüstet eine Flut das umliegende Land und bringt Tod und Verderben über die Ansässigen.

Lanzhou, ehemals ein Handelsplatz an der Seidenstraße, liegt gut 1500 Meter über dem Meeresspiegel. Kilometerlang ziehen sich triste Häuserkästen durch das Tal des Gelben Flusses. Die Schlote der Industrie verursachen den Smog, der über den Häusern hängt. Fabriken stehen an den Ufern des Stroms, Häuser, Straßen und Berge liegen verschwommen im Dunst. Kalt ist es geworden, jetzt, Mitte Oktober.

Im »Weißen Pagodenpark« am Nordufer des Gelben Flusses säumen Pavillons den Weg nach oben zur »Weißen Pagode«. Die steht auf einer Hügelspitze und beherbergt die Asche eines tibetischen Mönchs, der in der Yuan-Zeit (1279 – 1368) lebte und auf seinem Weg von Lhasa zum Mongolenhaus in Karakorum, der damaligen Hauptstadt der Mongolei, hier starb. Die Pagode wurde während der Ming-Dynastie (1368 – 1644) zerstört und später wieder aufgebaut. Wandelgänge durchziehen den Park. Durch ein altes Viertel mit niedrigen Lehmhütten und engen Gassen gelange ich zum »Fünfquellenpark«. Schöne Hallen und Pavillons stehen auf Wiesen unter Bäumen. In einem buddhistischen Tempel hängen Thangkas, Rollbilder aus Stoff, die so schön wie die in den Tempeln Ladakhs sind.

Im Hotel ruft ein Angestellter für mich den Fremdenführer der italienischen Gruppe an, ob ich mitfahren dürfe. Ja! Ich bekomme alle Daten in chinesischen Schriftzeichen und verstehe die Hauptsache: Übermorgen um 6.30 Uhr startet der Bus vor dem Friendship Hotel.

Ich gehe zum Bahnhof, um mir eine Fahrkarte nach Jiayuguan zu besorgen, dem westlichen Ende der chinesischen Mauer in Xinjiang. Ein älterer Chinese spricht mich in gebrochenem Englisch an: »Where are you from?«

Die Frage nach der Nationalität ist meistens die erste. Die zweite: »Where are you going?«

In Thailand fragen die Leute meistens: »Where are you from? How old are you?« Oder: »Are you married?«

In Malaysia: »Where are you from? What`s your religion?«

In Indien: »What`s your name? Where are you from?«

Und schon sind wir im Gespräch.

Ich frage meinen Gesprächspartner, ob er mir die Fahrkarte besorgen kann, und will ihm das Geld in die Hand drücken, doch allein will er nicht gehen, ich müsse mitkommen. Eine Frau kommt hinzu und übersetzt in glänzendem Englisch. Wir setzen uns auf eine Bank und unterhalten uns: Sie sei Physikerin, verheiratet und habe ein Kind. Sie ist maßlos erstaunt, dass ich allein durch China reisen darf: Alleinreisenden Besuchern aus dem Ausland sei sie noch nie begegnet. Sie habe Angst, mir die Fahrkarte zu besorgen. Die anderen Leute ringsum hätten auch Bedenken. Bevor der Schalter schließt, kaufe ich die Zugfahrkarte zum Touristenpreis selbst und gehe zum Hotel zurück.

Kurz nach sechs am nächsten Morgen bin ich im Entree des Friendship Hotels. Kein Mensch ist zu sehen, kein Reiseführer, keine Gruppe, niemand, den ich fragen könnte. Sollte ich etwas falsch verstanden haben? Findet die Fahrt zu den Höhlen nicht statt? Dann erscheinen die ersten verschlafenen Italiener, einer nach dem anderen. Sie gehen frühstücken und um 7.30 Uhr steigen wir in den Bus. Die Gruppe hat eine über alle Maßen teure 25-tägige Chinareise gebucht. Alle sind erstaunt, dass ich allein unterwegs bin. Wie das möglich sei? Sie starren mich ungläubig an, als ich ihnen erzähle, Hongkong sei zurzeit der einzige Platz auf der Welt, wo Visa für Einzelreisende ausgestellt würden. Noch mehr stutzt die Gruppe, als sie erfährt, wie billig ich letztlich reise. In den Köpfen der Teilnehmer arbeitet es, ich sehe es deutlich! Für im Schnitt drei Euro käme ich im Hotel unter? Für einen Euro bekäme man eine gute Mahlzeit in einem der vielen Straßenrestaurants? Die langen Zugfahrten kosteten nur »einen Apfel und ein Ei«? Sie können es nicht fassen!

Der Himmel ist blau, die Luft kühl und klar, der Wettergott ist uns wohlgesinnt! Die Straße schlängelt sich durch eine Bergwüste und führt zum größten Kraftwerk Chinas. Tausende von Kubikmetern Wasser schießen mit ungeheurer Gewalt aus einem Tor in den Gelben Fluss. Die Wassermassen stieben, schäumen und donnern in die Tiefe. Die Gischt des Wasserbogens vernebelt die Umgebung. Weiße Wasserschleier steigen auf und verwehen im Wind.

Nach zweistündiger Busfahrt erreichen wir einen Staudamm. Jetzt trennt uns noch der Stausee von unserem eigentlichen Reiseziel, den buddhistischen Höhlen. Wir besteigen ein zweistöckiges Boot, Chinesen und Ausländer fahren streng getrennt, die Chinesen auf dem unteren, wir auf dem oberen Deck. Kontakte sind unerwünscht. Der indoktrinierte Mensch der Neuzeit fällt vielleicht in die alte Werteordnung der Bourgeoisie zurück, wenn er den frei umherschwärmenden, betuchten Ausländer trifft, der ihm Flausen in den Kopf setzen könnte, Gedanken von Freiheit, Selbstbestimmung und Wahlmöglichkeit. Drei Stunden tuckert das Boot über den See. Unter strahlender Sonne ragen am Ufer geriffelte, kahle Berge auf. Das Boot biegt in einen Seitenarm ein und schippert durch eine Schlucht mit verwitterten und erodierten Sandsteinklippen. In einer senkrechten Wand taucht sie dann auf: die 27 Meter hohe Buddha-Statue, die hoheitsvoll die Schlucht beherrscht. Sie stellt Maitreya dar, den Buddha der Zukunft. Der untere Teil wurde während der Qin-Dynastie in Lehm modelliert, der obere während der Tang-Dynastie aus dem Felsen herausgeschlagen.

Treppen und Holzstege führen an 183 Höhlen und Nischen vorbei, in denen 679 Steinstatuen und 82 Tonfiguren verschiedener Größe stehen. Die ältesten Meisterstücke stammen aus dem fünften Jahrhundert. Am besten gefallen mir die schwarzen, schlanken Figuren mit den ebenmäßigen Gesichtszügen. An den Wänden der Höhlen glänzen Malereien. Kleinere Figuren unter der Höhlendecke sind aus dem Stein herausgemeißelt und bilden einen Kreis. Es ist fabelhaft, was Menschenhand inmitten dieser Landschaft, die einem Naturwunder gleichkommt, geschaffen und geformt hat. Der Zugang zu den Höhlen oberhalb der großen Buddha-Statue ist leider gesperrt. Sie wären über steile Treppen zu erreichen, die in schwindelerregende Höhen führen. »Don't take photographs!« Die Wächter passen auf wie ein Luchs, niemand traut sich, die Kamera zu zücken. Während der Kulturrevolution wurden unzählige Kunstschätze vernichtet, das eigene Kulturgut fiel der Zerstörungswut der Roten Garden zum Opfer, und jetzt sind sie plötzlich empfindlich. Ich bin trotzdem froh, dass ich zwei Tage lang auf diese Fahrt gewartet habe und die kunstvoll gestalteten Höhlen inmitten der kargen, kantigen und großartigen Landschaft staunend und bewundernd ansehen durfte.

Die Binglisi-Grotten bei Lanzhou, Gansu

Die Festung Jiayuguan, Xinjiang

Jiayuguan, am westlichen Ende der großen Mauer

Am Nachmittag des nächsten Tages beginnt der Zug seine 19-stündige Fahrt von Lanzhou nach Jiayuguan. Ich habe mich zu meinem »harten Sitz« durchgefragt und freue mich, dass der Zug nicht so voll ist. Die Chinesin gegenüber bietet mir Vogelfutter an: Wo immer die Menschen gehen und stehen, knacken und knabbern sie Sonnenblumenkerne und spucken die Spelzen auf den Boden. Diese Zugfahrt beginnt gemütlich. Wir unterhalten uns mittels meines Phrasenbuchs.

Nach einer halben Stunde kommt die Schaffnerin, studiert meine Fahrkarte und guckt bestürzt: Ich säße im falschen Zug. Der Zug fährt nach Xining, der Hauptstadt der Provinz Qinghai. Da darf ich nicht hin! Die Stadt steht nicht auf meinem Besucherschein. Ich könnte den Bahnhof von Lanzhou in die Luft sprengen. Mindestens fünf Leute vom Bahnhofspersonal habe ich nach dem Zug gefragt und ihnen mein Touristenpapier unter die Nase gehalten, zuletzt der Schaffnerin im Zug. Auf dem nächsten Bahnhof steigt ein Mädchen vom Zugpersonal mit mir aus und setzt mich in den Zug zurück nach Lanzhou. Um Mitternacht könne ich den nächsten Zug, einen Bummelzug von Lanzhou nach Jiayuguan nehmen, ein Schnellzug führe morgen früh um 4.00 Uhr! Schon bald bin ich zurück in Lanzhou und habe mich seelisch auf eine stundenlange Wartezeit bis Mitternacht eingestellt. Ich stehe auf dem Bahnsteig und überlege, was ich tun soll. Gibt es ein Restaurant in der Nähe? Und da rollt — oh Wunder! — mein ursprünglicher Zug mit eineinhalb Stunden Verspätung ein und die Fahrt geht weiter.

Inzwischen habe ich mich an die unbequeme dritte Klasse gewöhnt, an den „harten Sitz" mit der geraden Rückenlehne. Die Fahrkarten sind konkurrenzlos günstig. Langzeitreisende begrüßen solche Tiefpreise, weil sie bewusst mit wenig Geld auskommen wollen, um lange frei und unbekümmert unterwegs sein zu können. Freiwillig verzichten sie auf Luxus und sehr oft auf Komfort. Sie übernachten preisgünstig und treffen in Herbergen und Hotels für Rucksackreisende Gleichgesinnte, mit denen sie sich austauschen. Sie essen in Straßenrestaurants und steigen in überfüllte Busse, anstatt ein Taxi zu nehmen. Sie erfahren hautnah die Wirklichkeit der Einheimischen. Nichts schirmt sie ab vom Gedränge und vom Kampf durch das Gewühl. Das Zugfahren in China wird zum Abenteuer, von dem ich später zu Hause erzählen würde. Der Kontakt zu den Einheimischen ergib sich schnell, denn alle sitzen wir im gleichen Boot und erleiden die gleiche Pein.

Der Schaffner zeigt mir meinen Sitzplatz. Ich lasse mich nieder und meine Nachbarn nehmen neugierig Kontakt zu mir auf. Einer kommt aus dem fernen Urümqi im Nordwesten Chinas. Wir unterhalten uns lange auf »Chinesisch«, mit Händen und Füßen und mithilfe meines Buchs. So freundlich mein Nachbar ist, so dick macht er sich zu fortgeschrittener Stunde. Der Junge, der mir gegenübersitzt, breitet auch seine Glieder aus. Ich flüchte auf den Tisch am Ende des Waggons, rolle mich dort zusammen und schlafe ein paar Stunden. Ein paar Mal wache ich von der Kälte auf. Laut Landkarte fährt der Zug zweimal in dunkler Nacht an der Chinesischen Mauer vorbei. In Jiayuguan werde ich sie zum ersten Male zu Gesicht bekommen.

Es wird hell. Zum Norden breitet sich eine kahle Ebene aus, im Süden zieht sich ein Gebirgszug von Osten nach Westen. Auf seinem Kamm liegt eine dünne Schneeschicht. Schließlich mein Ziel: Jiayuguan. Ein Bus fährt vom Bahnhof in die Stadt hinein. Die Straßen sind breit, es herrscht kaum Verkehr und nur wenige Menschen lassen sich blicken. Der Bus hält direkt vor dem Touristenhotel. Das Zimmer mutet freundlich und gemütlich an, aber eine Dusche ist nicht vorhanden, sondern nur ein Waschraum mit kaltem Wasser.

An der Rezeption benachrichtigt man einen Chinesen, der der englischen Sprache mächtig ist. Der gibt mir die Informationen, nach denen ich allein ewig hätte suchen müssen: In einer Viertelstunde fährt ein Bus zum Fort und zur Großen Mauer. Da will ich zuerst hin. Und morgen früh um 7.30 Uhr gibt es einen Bus zu den buddhistischen Höhlen von Dunhuang. Er weiß, was ein Tourist in dieser Ecke der Welt sehen will! Ohne Zeitverlust fügt sich das Programm ineinander. Ich stürze zur Bushaltestelle und bin wenig später am Fort, einem ehemaligen Außenposten, und am Westende der Großen Mauer, der längsten Mauer der Welt. Schon der erste Kaiser der Qin-Dynastie (221 – 206 v. Chr.) begann mit dem Bau, um sich gegen die Barbaren – wie die Chinesen die Eindringlinge aus dem Norden nannten –zu schützen. Am berühmtesten ist das 8800 Kilometer lange Bollwerk, das nach der Herrschaft der Mongolen während der Ming-Dynastie (1368 – 1644) entstand. Es soll sogar aus dem Weltraum zu erkennen sein.

Zwei mehrstöckige Tortürme der Festung Jiayuguan überragen mit geschwungenen Dächern das mächtige Mauerwerk in der Wüste. Eine niedrige Lehmmauer verläuft bis zum Horizont und verliert sich in der Ferne. Von Größe keine Spur, die Große Mauer endet an der Festung. Sie wurde 1372 errichtet. Jiayuguan bildet den Eingang zum Hexi-Korridor, einem Teil der nördlichen Seidenstraße. Hier verlief die alte Passage für Händler und Soldaten, die auf dem Weg nach Zentralasien waren. Das Qilian-Gebirge begrenzt die Passage im Südwesten, die Schwarzen Berge (Hei Shan) des Mazong-Massivs ziehen sich im Norden hin. Nordöstlich der Festung breitet sich die Wüste Gobi aus, nach Westen hin beginnen die Ausläufer der zweitgrößten Sandwüste der Erde, der Taklamakan.

Zurück an der Hauptstraße, möchten mich zwei Männer auf ihrem mit Kohlköpfen beladenen Lastwagen mitnehmen, leider in die falsche Richtung. Auf dem Anhänger eines Traktors kann ich ein Stück mitfahren und laufe die restliche Strecke zum Hotel. Todmüde komme ich dort an.

Dunhuang und die Mogao-Grotten

In der eisigen Kälte Jiayuguans laufe ich am nächsten Morgen im Dunkeln zum Busbahnhof. Erst gegen 8.00 Uhr trudelt der Bus nach Dunhuang ein. Er kommt von irgendwoher und ist bis auf den letzten Platz besetzt. Stundenlang sitze ich auf meinem Rucksack im Gang. Kahle Hügelzüge durchziehen das

Terrain, braungelbe Grasbüschel gucken aus dem Sand. Nur wenige Lkws und Busse sind unterwegs. Personenkraftwagen sehe ich nie, die kann sich ein Chinese kaum leisten. Die Wüste gähnt vor Leere. Ab und zu taucht ein Ort inmitten bewässerter Felder auf. Zweimal halten wir vor Restaurants an und machen Pause. Gegen 18.00 Uhr erreicht der Bus nach neunstündiger Fahrt Dunhuang. Hier ist es wärmer als in Lanzhou, doch die Luft ist nicht warm genug für die eiskalte Dusche im Hotel. Ich bleibe lieber schmutzig.

Nach den anstrengenden Fahrten der letzten Tage habe ich am nächsten Morgen den einzigen öffentlichen Bus zu den buddhistischen Höhlen verschlafen. Vor dem Hotel steht nur noch ein gecharterter Bus für eine Gruppe Chinesen, die die Kulturgüter in dieser Ecke des Landes besuchen möchten. Ich darf mitfahren.

Schon gut 100 Jahre vor unserer Zeitrechnung ist Dunhuang den Menschen ein Begriff. An diesem Platz teilt sich die Seidenstraße in die Nord- und in die Südroute: Die beiden Stränge rahmen die riesige Taklamakan-Wüste in der Provinz Xinjiang ein, um sich in der Oasenstadt Kashgar, weit im Westen, wieder zu vereinen. Dunhuang hieß einmal Shazou, schlicht und passend „Sandgebiet". Vom alten Shazou ist wenig geblieben. Dunhuang, die moderne Stadt, entstand im 19. Jahrhundert in der Nähe.

Etwa 20 Kilometer südlich der Stadt liegen die Mogao-Grotten in einer Oase inmitten von großen Sanddünen. Eintausend Höhlentempel schlugen die Menschen über Jahrhunderte hinweg in eine etwa dreißig Meter hohe Felswand. Im Jahr 366 suchte ein Mönch namens Lezun nach einer Unterkunft für die Nacht. In der Dämmerung leuchteten goldene Lichter über dem Mingsha-Berg auf, für Lezun ein himmlisches Zeichen. Er begann mit dem Bau der ersten Grotte. In den nächsten eintausend Jahren entstanden viele weitere. Die Gestaltungskraft der Bildhauer und Maler erreichte ihren Höhepunkt während der glorreichen Tang-Dynastie (618 – 907).

Im Mittelpunkt der Verehrung steht die Figur des in Meditation versunkenen Buddha Gautama auf seinem Lotossitz. Er ist umgeben von seinen Lieblingsschülern und von buddhistischen Heiligen. Kleine bis überlebensgroße Tonfiguren füllen das Innere der Grotten und bilden eine Einheit mit den ringsum bemalten Wänden und Decken. Die Leuchtkraft der Farben verblasste kaum im trockenen Klima der Wüste. In einer der Grotten erhebt sich ein zwanzig Meter hoher Buddha, in einer anderen geht ein liegender ins Nirwana ein.

Die Bildner und Maler der damaligen Zeit wurde nicht müde, ihre Schaffenskraft in den Dienst ihres Glaubens zu stellen. Sie gaben alles, sie gaben ihr Bestes!

Die Führung geht viel zu schnell zu Ende. Schon um halb zwölf fährt der öffentliche Bus nach Dunhuang zurück und ich gucke mich in der Stadt um: In zwei Nebenstraßen findet ein Obst- und Gemüsemarkt statt. Ein Eselskarren steht neben dem anderen, beladen mit den zum Verkauf anstehenden Waren, Honig- und Wassermelonen, Weintrauben, Äpfeln, Stangensellerie, Chinakohl, Spinat und Paprika. Auf den Melonen thronen die chinesischen Händler in ihren verbeulten Anzügen, das Haupt bedeckt mit einer blauen oder grünen Schirmmütze. Die Frauen tragen grüne oder blaue, unter dem Kinn zusammengebundene Kopftücher. Durch die Straßen trappeln Esel und Kamele und ziehen die meistens beladenen Karren. Die kleinen Esel stehen auf dünnen Beinen auf dem Markt, den Kopf gesenkt, die Ohren gespreizt. Sie werden mit unglaubliche Lasten fertig, denn auf dem Frachtgut hocken zusätzlich die Menschen. Der Esel läuft wacker die Straßen entlang, ohne zusammenzubrechen.

Der Wind wirbelt am Nachmittag den Staub in den Straßen der Stadt auf und verschleiert die Sicht. Zur Sonnenuntergangszeit legt er sich und die Sanddünen im Süden, die die Grotten umgeben, schimmern hoch wie ein Gebirge im Zwielicht der Dämmerung.

Turfan, im »Land des Feuers«, und Ürümqi, Hauptstadt Xinjiangs

Drei Stunden braucht der Bus von Dunhuang nach Liuyuan. Dieser trostlos wirkende Ort liegt an der Eisenbahnlinie, die Ürümqi, die Hauptstadt der Provinz Xinjiang, mit dem fernen Peking im Osten verbindet.

Im Zug ergattere ich einen Fensterplatz. An den wenigen Bahnstationen in der Wüste steigen Leute aus und ein. Sie scheinen aus dem Nichts zu kommen und sich im Nichts zu verlieren, denn Siedlungen sind selten in Sicht. Am Abend unterhalte ich mich mit meinen Nachbarn, eine vergnügliche Zerstreuung, die die langen Stunden auf dem »harten Sitz« vergessen lässt. Hin und wieder bieten wir uns gegenseitig Zigaretten an, rauchen, schauen den Kringeln nach, schweigen und verstehen uns prächtig.

Nach 14-stündiger Fahrt läuft der Zug um 4.30 Uhr im Zielbahnhof ein. Ein Bus nach Turfan fährt um diese nachtschlafende Zeit noch nicht. Im Wartesaal haben sich viele Reisende auf den Bänken ausgebreitet. Ich setze

mich auf meinen Rucksack und versuche, ein wenig zu schlafen. Zum Busbahnhof gehe ich morgens durch dunkle, unbeleuchtete und holprige Straßen.
Die Fahrt nach Turfan dauert eine Stunde. Mit Nancy, einer Amerikanerin,
teile ich mir im Touristenhotel ein Doppelzimmer mit Bad. Nancy studiert in
Peking chinesische Literatur und spricht fließend Chinesisch. »Viele Westler
kommen nach Peking, um Chinesisch zu lernen«, sagt sie.

Mit drei Rucksackreisenden aus dem Hotel gehe ich am Abend auf den
Nachtmarkt. Dort gibt es gegrilltes Lammfleisch am Spieß, die Spezialität
dieser Region! Dazu frische, warme Brotfladen. Schon bei der Zubereitung
läuft mir das Wasser im Mund zusammen. Wir setzen uns an einen Uiguren-
Stand. Eine junge Frau schneidet die Lammkeulen zu und steckt die Feisch-
stücke auf einen Spieß. Ein Vierzehnjähriger grillt sie über Holzkohle. Der
Bruder rollt die Fladen aus und bestückt die heißen Wände eines Lehmofens,
um sie zu backen. Endlich ist das Essen fertig und wir genießen die knuspri-
ge, saftige Köstlichkeit, eine der besten Mahlzeiten in ganz China.

Die Provinz Xinjiang ist die größte in China. Tibet, Qinghai und Gansu
grenzen im Süden und im Osten an die Provinz, Russland, die Mongolei,
Tadschikistan, Kasachstan, Afghanistan, Kirgistan, Pakistan und Indien um-
schließen den Rest. Die Taklamakan-Wüste, die »Wüste ohne Wiederkehr«,
bestimmt das Landschaftsbild und füllt sie aus. Sven Hedin durchquerte sie
1895 von Kashgar aus und kam dabei fast um. Auf einer anderen Expedition
fand er 1901 den Salzsee Lop Nor südlich von Korla, der heute ausgetrocknet
ist.

Xinjiang wird Ostturkestan genannt. Die Provinz ist die Heimat der Uigu-
ren, einem Turkvolk, das in der Mitte des neunten Jahrhunderts vom Erhun-
Tal in der Mongolei einwanderte und sich hier niederließ. Die Frauen tragen
Kopftücher und Röcke über langen Hosen, die Männer einen bunt bestickten
Fez auf dem Kopf. Immer wieder begehren die moslemischen Uiguren ge-
gen die chinesische Regierung auf und kämpfen für ihre Unabhängigkeit.
Sie fühlen sich unterdrückt wie die Tibeter und gehören zu den bedrohten
Völkern der Erde. Han-Chinesen werden von der Zentralregierung bewusst
angesiedelt, um die Kultur der Uiguren zu überfremden.

Die Schmelzwasser des Tianshan-Gebirges im Norden speisen den Tarim-
Fluss, der durch den nördlichen Teil der Taklamakan-Wüste von Osten nach
Westen fließt und sich durch die gesamte Provinz Xinjiang zieht. Die Gebirgskette des Kunlunshan begrenzt die Sand- und Kiesmassen dieser nicht
enden wollenden Einöde im Süden und bildet gleichzeitig den Abschluss

des Qinghai-Tibet-Plateaus. Kara Buran ist der berüchtigte »schwarze Sandsturm« der Taklamakan, manchmal tobt er wochenlang und begräbt Karawanen und Städte unter sich.

An den Rändern der Wüste zogen die Karawanen auf der Nord- oder Südroute durch das Land und gingen ihren Geschäften nach, oft monatelang. Heute gibt es partiell asphaltierte Straßen, auf denen Lastwagen und Busse fahren. Eine Eisenbahnlinie führt von Peking bis Urümqi, der Hauptstadt Xinjiangs. Von dort aus braucht der Bus noch mindestens drei Tage bis Kashgar, der im Westen gelegenen Oasenstadt.

Turfan, eine Oasenstadt an der nördlichen Seidenstraße, liegt in der Mitte der Provinz Xinjiang. Die Turfan-Senke erreicht am Aydingkol-See ihren tiefsten Punkt: 154 Meter unter dem Meeresspiegel. Nach dem Toten Meer ist dies der tiefste Punkt der Erde. Im Sommer herrschen Lufttemperaturen von 47 Grad Celsius, die Erde glüht im »Land des Feuers« mit einer Oberflächentemperatur von 75 Grad Celsius. Im Winter fallen die Temperaturen auf minus 15 Grad Celsius.

Jetzt, wo es auf den November zugeht, ist es morgens und abends kühl und tagsüber mollig warm. Die Luft ist sehr trocken. So finde ich im Museum drei gut erhaltene Mumien vor, die besten, die ich jemals gesehen habe: Kleider und Haare bedecken das Skelett, papierdünne Haut umschließt die Knochen.

Zweirädrige Eselskarren sind das Haupttransportmittel in Turfan. In den Straßen rollen mehr Karren als Fahrräder, und das will etwas heißen in China! Busse zum tiefsten Punkt der Turfan-Senke oder zu den Sehenswürdigkeiten der Umgebung gibt es nicht. So mieten Nancy, die Amerikanerin, Hans, der Schweizer, und ich einen Eselskarren, der uns zu den etwa zehn Kilometer entfernten Ruinen von Jiaohe bringen soll. Nancy wendet ihr Chinesisch an und handelt sechs Yuan für die Fahrt hin und zurück aus.

Wir schwingen uns auf die Plattform des Karrens hinter zwei clevere dreizehnjährige Burschen, die den Esel lenken. Der läuft los. Ein Joint geht zwischen den beiden Jungen hin und her und der süßliche, schwere Geruch steigt in unsere Nasen. Niedrige Lehmbauten säumen den Straßenrand in den Außenbezirken Turfans. Eine Allee führt an Mais- und Baumwollfeldern vorbei. In der Ferne schimmern die kahlen Hügel der Wüste. Kurz vor den Ruinen durchqueren wir einen schmalen Fluss und steigen ab.

Turfan, Oasenstadt an der nördlichen Seidenstraße, Xinjiang

Markttreiben

Flammende Berge und Dünen in der Taklamakan-Wüste, Xinjiang

Auf einem erhöhten Plateau liegen die Überreste von Jiaohe. Vom zweiten Jahrhundert v. Chr. bis Mitte des fünften Jahrhunderts n. Chr. war sie die Hauptstadt des Königreiches von Cheshi. Das Fürstentum wurde von den Chinesen überrannt, dann hatten die Tibeter das Sagen, später die Mongolen unter Dschingis Khan, bis die Chinesen wieder zum Zuge kamen. Nach der Herrschaftsperiode der Mongolen verließen die Einwohner ihre Stadt, die nun verfiel.

Eine Straße durchläuft die alte Stätte von Süden nach Norden. Die Grundmauern und Wände der Wohnviertel zu beiden Seiten liegen da verwittert und zerfressen von der Hitze und der Kälte in Tausenden Sommern und Wintern. In den Nischen eines Klosters am Nordende der Stadt befinden sich die Reste von Buddha-Statuen. Noch weiter nördlich stehen wir vor den Ruinen einer Pagode, die zum Einhundert-Stupa-Tempel gehörte. Auf einem Sockel rundum ragte einst ein Ring von Stupas in den Himmel. Die hellen Überreste der uralten Stadt, in der einmal 5000 Menschen gelebt haben, blenden in der Sonne.

Die beiden Jungen bringen uns zurück. In einer Siedlung löschen wir unseren Durst mit Honig- und Wassermelonen und essen eine lecker gewürzte Nudelsuppe. In Turfan verabschiede ich mich und laufe östlich zum Ort hinaus. Ich wandere ein paar Kilometer, um das Emin-Minarett zu besuchen. Ein Radfahrer nimmt mich ein Stückchen auf dem Gepäckträger mit und ein Stück laufe ich durch ein Baumwollfeld.

Emin Hoja gab 1777 die Moschee in Auftrag. 37 Meter wächst das sich nach oben verjüngende Minarett in den Himmel. Die Lehmziegel sind mit geometrischen Mustern fein überzogen und schimmern in warmen Brauntönen. Die Moschee nebenan besteht aus vier Seitenschiffen mit vielen kleinen Kuppeln. Schlichte Holzpfeiler tragen eine Balkendecke, die den schmucklosen Raum abschließt.

Auf dem Rückweg lacht mich ein junger Radfahrer an, stoppt und schenkt mir ein paar Rosinen. Auf einem Eselskarren trampe ich nach Turfan zurück, eine Brise in den Haaren, die Sonne im Gesicht, das Klappern der Hufe in den Ohren. Zehn Jugendliche aus Hongkong sind im Hotel abgestiegen und haben eine Tour gebucht, um die antike Stadt Gaochang, den Astana-Friedhof, die Tausend-Buddha-Höhlen und das Weintraubental zu besuchen. Sie laden mich ein, mitzufahren. Herzlich gern!

Gaochang liegt schattenlos in der Nähe der »Flammenden Berge«, alt und ehrwürdig wie Jiahohe. Eine fünf Kilometer lange Mauer umgibt die alte

Stadt. Sie war größer als Jiaohe. Der Han-Kaiser Wudi gründete die Stadt etwa eineinhalb Jahrhunderte vor unserer Zeitrechnung. Lange Zeit diente sie als chinesischer Außenposten. Die Uiguren herrschten in der Mitte des neunten Jahrhunderts und ernannten Gaochang zu ihrer Hauptstadt. Der Handel auf der Seidenstraße war rege, der Austausch von Gedanken, Ideen und Religionen ebenfalls. Der Manichäismus aus dem fernen Persien fasste Fuß und war im achten Jahrhundert die Staatsreligion der Uiguren. Der Perser Mani entwarf im dritten Jahrhundert die Glaubenssätze und einen ethischen Verhaltenskodex. Im Manichäismus steht das göttliche Licht dem Reich der Finsternis gegenüber, es leuchtet nicht strahlend auf, sondern ist überschattet und eingeengt von der Finsternis. Ziel der Gläubigen ist es, das Licht freizusetzen. Die deutschen Archäologen Albert Grünwedel und Albert von Le Coq fanden auf ihren Turfan-Expeditionen Anfang des 20. Jahrhunderts manichäische Handschriften mit Illustrationen, die einzigen bildlichen Darstellungen der Manichäer, die jemals gefunden wurden. Im Museum für Indische Kunst in Berlin-Dahlem liegen sie aus.

Le Coq entdeckte eine kleine Kirche nestorianischer Christen außerhalb der Stadtmauern Gaochangs. Buddhisten bauten Klöster, Stupas und Tempel in der Stadt. Erst ab dem 13. Jahrhundert gewann der Islam an Bedeutung und setzte sich bei den Uiguren durch.

Die 1000-Buddha-Höhlen liegen in den »Flammenden Bergen«, »Kizilatak«, wie die Uiguren den Gebirgszug nennen. Er zieht sich über 100 Kilometer von Osten nach Westen am Rande der Turfan-Senke entlang. Rotes Gestein und fuchsiger Sand flammen in der Sonne. Der staubige Pistenweg führt durch ein Flusstal, in dem ein grünes Rinnsal fließt, ansonsten türmen sich Felsen und mit Sand durchsetztes Gestein unter tiefblauem Himmel auf. In einer Felswand über dem Flusstal schließt uns der Wärter einige der 83 buddhistischen Höhlen von Bezeklik auf, die zwischen dem fünften und 14. Jahrhundert entstanden.

Den Besucher erwartet ein deprimierender Anblick: Er guckt auf zerhackte Wände. Anfang des 20. Jahrhunderts schnitten ausländische Archäologen, vor allem Grünwedel und Le Coq, die Malereien aus den Wänden und raubten die Buddha-Statuen, um sie in die Museen ihrer Heimatländer zu bringen. Der größte Teil der nach Deutschland gebrachten Kunstschätze wurde während des Zweiten Weltkrieges bei den Bombenangriffen auf Berlin zerstört. Die Roten Garden vernichteten die restlichen Malereien während der Kulturrevolution; sie kleisterten sie mit Lehm zu und zerkratzten die Gesichter.

Am Westende der »Flammenden Berge« liegt das Weintraubental. Die Gewächse bilden ein Laubendach, süße Trauben hängen von der Pergola. In luftigen Ziegelhäusern trocknet man sie. Übermütig greifen die Jugendlichen aus Hongkong nach oben, mopsen die Weintrauben und essen sie auf. Am Abend findet im Hotel ein chinesisch-japanischer Freundschaftsabend statt, denn eine Gruppe Japaner ist angekommen. Die Uiguren singen und tanzen, ein Akrobat führt Kunststücke vor und eine Solistin spielt auf einem lauten-ähnlichen Saiteninstrument, das wie eine Harfe klingt.

Um 7.30 Uhr soll der Bus von Turfan nach Ürümqi abfahren. Kurz vor sieben stehe ich auf dem Platz, um die Fahrkarte zu kaufen. Weit und breit ist keine Menschenseele zu erblicken, Zeit genug, um in den klaren Sternenhimmel zu gucken. Erst kurz vor acht geht die Sonne auf. So lange schlafen die Leute. Der Fahrkartenschalter öffnet. Ich kaufe die Fahrkarte und um 8.30 Uhr setzt sich der Bus in Bewegung.

Gegen 11.00 Uhr ist Rast. Eine Stunde lang haben wir Zeit, und ich esse, bis ich fast platze. Am besten schmeckt der noch warme Brotfladen mit dem gekochten Ei. Andere Busse treffen ein, die Passagiere stärken sich ebenfalls. Das Nest in der Wüste lebt prächtig vom Hunger der Durchreisenden.

Die hässlichen Außenbezirke von Ürümqi breiten sich unter der grellen Sonne aus. Mit Bus Nummer zwei fahre ich zum Kunlun-Hotel und Bus Nummer eins bringt mich später in das alte Stadtviertel mit seinen niedrigen, gelb gestrichenen Häusern an der Hauptstraße. Viele kleine Shops reihen sich aneinander. In einem Buchladen kaufe ich einen Stadtplan, der die Namen in Englisch und Chinesisch aufführt.

In einem kleinen Museum sehe ich mir Folkloregegenstände der Uiguren, Hui, Tajik, Tataren, Ozbeken, Russen, Mongolen, Xibe, Man, Daur und Kirgisen an. Bunte, mit Ornamenten, Vögeln und Blumen bestickte Tücher und Bänder schmücken Rundzelte. An den Wänden stehen farbenreich bemalte Schränke und Truhen. Stoffstiefel, Teppiche und Trachten veranschaulichen den Alltag der Menschen. Die Reproduktionen buddhistischer Höhlenmalereien füllen eine weitere Halle. Es gibt Beile und Keile aus der Steinzeit und 2000 Jahre alte Schriften und Mumien, die man im Wüstensand fand. In den oberen Stockwerken ist auf grelle Art und Weise die ruhmvolle Geschichte des chinesischen Kommunismus dargestellt.

Das Emin-Minarett in Turfan, Xinjiang

Die lange Fahrt nach Osten

Von Xinjiang in die Innere Mongolei

Die längste Zugfahrt meines Lebens steht bevor, sechzig Stunden auf einem »harten Sitz«, die Fahrt von Ürümqi nach Baotou, einem Industrieort in der Inneren Mongolei. Die Liegewagen sind leider ausgebucht. Dafür kostet der Sitzplatz in der dritten Klasse keine zehn Euro. In der Nähe von Baotou möchte ich ein buddhistisches Kloster besuchen. Am Sonntagmorgen fährt der Zug ab. Am Dienstagmorgen muss ich in Lanzhou umsteigen, früh am Mittwochmorgen soll der Zug in Baotou ankommen.

Kilometer für Kilometer rattert der Zug durch die Taklamakan-Wüste. Sand und Gestein, soweit das Auge reicht. Am Montagmorgen fahren wir am Fort von Jiayuguan vorbei, am Nachmittag passieren wir die Ruinen der hier nicht wuchtig aussehenden Chinesischen Mauer in der Nähe Shadans.

Je weiter wir nach Osten vorrücken, umso dicker wird die Menschenmasse im Zug. Auf dem Rückweg vom Speisewagen gerate ich in das Chaos, das in allen Waggons herrscht. Es geht nicht vor und nicht zurück. Die Leute drängen und stoßen. Schließlich habe ich mich durchgezwängt und flüchte auf meinen Sitz. Dienstagnacht um 4.00 Uhr erreichen wir Lanzhou. Roland, ein Amerikaner, war in Turfan zugestiegen, wir wollen gemeinsam weiterreisen. Im sauberen Wartesaal finden wir Platz auf einer Bank, rollen unsere Schlafsäcke aus und schlafen bis 7.00 Uhr. Ich besorge uns ein Frühstück. Wasserverkäufer stehen auf dem Vorplatz und bieten heißes Wasser in Waschschüsseln an, dazu einen schmuddeligen, vielfach genutzten Waschlappen, damit sich die Bahnfahrer durch das müde Gesicht putzen können.

Unser Zug wird in Lanzhou eingesetzt. In Ürümqi schon hatte der Schalterbeamte Plätze reservieren können. Roland und ich sitzen uns gegenüber. Der Zug folgt in weiten Teilen dem Gelben Fluss, dem zweitlängsten Strom Chinas nach dem Jangtse. Er durchfährt die Lössberge Nordchinas. Lehmdörfer und Obstplantagen liegen verstreut an den Hängen. Am frühen Nachmittag erreichen wir die kleine Provinz Ningxia. Sie ist Heimat der islamischen Hui-Minorität. Auf den gelbbraunen Hügeln und den brachliegenden Feldern zeigt sich kein bisschen Grün. Eine Landschaft ohne Kontraste liegt unter einem leicht verschleierten Herbsthimmel. Zum Essen gehen wir mittags und abends in den Speisewagen. Aus dem großen Heißwasserspeicher am Ende des Waggons holen wir uns immer wieder Wasser und bereiten uns in unserer

Blechtasse unseren Jasmin-Tee zu, in dem cremeweißen Blüten schwimmen. Eine feine Einrichtung ist das!

Am Tagesende ereignet sich in den Waggons das gleiche Schauspiel wie am Vorabend: Die Leute drängen sich in den Gängen, hocken auf ihrem Gepäck und sitzen im Weg. Einige quetschen sich mit auf die Bänke. Wir kriegen kaum Luft. Es ist zu voll. Trotz unserer reservierten Plätze fühlen wir uns bedrängt. Gegen 23.00 Uhr holt uns der Schaffner aus dem Gewühl und bringt uns in den Speisewagen. Ist das eine Erleichterung! Wir allein im Waggon! Dafür wird die Luft eiskalt! Der Magen meldet sich. Wir sprechen die Crew an und bekommen eine schmackhafte Nudelsuppe, schmackhaft, weil der Koch auch für sich selbst und seine Kollegen gekocht hat.

Inzwischen durchfahren wir die Innere Mongolei, eine riesige Provinz, die im Norden an die Mongolei und an Russland grenzt. Hauptsächlich Han-Chinesen wohnen in den Städten, weniger die Mongolen, die Nachfahren Dschinghis Khans. Berühmt ist das Grasland der Inneren Mongolei, ein grüner Teppich, auf dem die Jurten der Mongolen stehen.

Am Westbahnhof Baotous steigen wir gegen 4.00 Uhr am Mittwochmorgen aus. Wir strecken uns auf einer Bank aus. Die Leute im Wartesaal kommen, um uns Fremdlinge zu besichtigen. Im Kreis stellen sie sich um uns herum und gucken sich fast die Augen aus dem Kopf. Einige mit offenem Mund! Wenn einer gegangen ist, kommt der Nächste, um uns zu bestaunen.

Ein kalter und unfreundlicher Tag bricht an. Bus Nummer eins bringt uns zum Busbahnhof im Westen. Bus Nummer fünf braucht fast eine Stunde zum Busbahnhof im Osten der Stadt. Bus Nummer sieben bringt uns zu einem Bergwerksort, in dessen Nähe das Kloster liegt. Es zieht durch Ritzen und Spalten, mir wird eiskalt.

Am Ziel angekommen, hält der Bus in einem ausgetrockneten Flussbett. An den Ufern stehen graue und braune niedrige Hütten und wirken unwirtlich im bleiernen Licht des Tages. Über eine Hängebrücke erreichen wir eine Siedlung. Ein Versammlungsraum steht offen. Mollige Wärme strahlt vom Kanonenofen in der Mitte des Raums aus. Wir setzen uns auf eine Bank und sind nicht lange allein. Die Bewohner des Dorfs kommen, um sich hinzustellen und uns anzustarren. Einige Männer setzen sich auf die Bänke, um unsere Gesichter zu studieren. Als wir uns auf die Suche nach einem Bus für die Weiterreise zum Kloster machen, folgt uns eine Menschentraube. Der Englischlehrer einer Mittelschule spricht uns an: »Ihr könnt im Flussbett oder im Ort auf den Bus warten!« Im Restaurant dient er uns als Dolmetscher. Zu einem Spottpreis bekommen wir ein hervorragendes Reisgericht. Wie viele Erwachsene und Kinder sich wohl um den Tisch drängen mögen! Das ganze Dorf guckt zu, wie wir essen. Hoffentlich bricht der wackelige Tisch bei dem Gedränge nicht zusammen!

Ein Bus ist immer noch nicht aufgetaucht und es ist bereits 17.00 Uhr. Der Lehrer meint: »Wir haben ein Hotel, in dem ihr übernachten könnt, oder ihr müsst trampen. Vielleicht fährt noch ein Lkw zum Kloster!« Eine Prozession folgt uns bis zum Ortsende. Besonders hartnäckig sind die Kinder, die uns wie dem Rattenfänger von Hameln folgen. Endlich haben wir alle abgehängt. Die Dämmerung setzt ein. Der Weg ist tot. Die Chancen, das Kloster noch heute zu erreichen, sind gleich null und wir kehren um. Dann ein Hoffnungsschimmer: ein Motorengeräusch in der Ferne, es wird lauter, ein Lkw naht, knattert und dröhnt an uns vorbei. Wir gucken der Staubwolke nach und suchen das Hotel des kleinen Ortes auf.

Die Räume der Herberge liegen ebenerdig aneinandergereiht. In jedem Zimmer stehen vier eiserne Betten. In unserem steht ein Bottich mit heißem Wasser zum Trinken und zum Waschen auf dem bullernden Kanonenöfchen. Die Familie des Wirts besucht uns, um zu gucken, welche fremden Vögel sich für die Nacht in ihrem Haus niedergelassen haben. Die Hausherrin zerrt mich aus dem warmen Zimmer, um mich nebenan in einem kalten unterzubringen. Ein wenig später bringt sie eine Schüssel mit heißem Wasser und einen Kessel Teewasser. Der Mann macht mein Kanonenöfchen an. Hier heizt man mit Kohle, an der kein Mangel herrscht. Im Nu wird es warm. Roland schläft mit drei Chinesen im Zimmer, die lange unterhalten sein wollen, wie er am nächsten Tag erzählt. Ich habe sofort meine Ruhe nach der viertägigen Tortur im Zug. Schmutzig gehe ich ins Bett. Eine Dusche gibt es nicht.

Um 7.00 Uhr am nächsten Morgen machen wir uns auf die Socken, Roland, der Englischlehrer und ich. In das Bussystem haben wir kein Vertrauen mehr, wir wandern, denn der Englischlehrer hat erzählt, dass das Kloster nur zehn Kilometer entfernt sei. Hätten wir das gestern gewusst, wären wir sofort losmarschiert.

Ein Lastwagen stoppt, sein Ziel ist eine Kohlenmine rechter Hand. Der Fahrer meint, er habe genug Zeit, uns zum Kloster zu bringen. Wir holpern durch das Flussbett und später über einen Erdweg. Kurz vorm Ziel streikt der Motor. Wir setzen unseren Weg zu Fuß fort und kommen in den Genuss eines Spaziergangs durch einen klaren Morgen. Braune Hügel ragen hinter kleinen Lehmhäusern mit bunten Fensterscheiben auf.

Ländliches Leben in der Inneren Mongolei

Am Ende des Tals liegt der untere Teil des Klosters in einem Kessel, zwei Komplexe liegen am Berghang. Das Kloster wurde im 18. Jahrhundert in tibetischem Stil erbaut. Einst studierten und meditierten 1200 Mönche hier, in zwei Seitentälern liegen die Mönchsklausen. Wir gucken auf ein Kloster, das in Ladakh stehen könnte.

Malereien bedecken die Wände vom Boden bis zur Decke. Buddha-Statuen stehen in der dämmrigen Gebetshalle, Säulen sind mit Teppichen umwickelt. In einigen Räumen hängen vom Gebälk alte Thangkas, buddhistische Rollbilder auf Stoff. Kunstvolle Bronzefiguren stehen auf Altären. In einem Raum befand sich einst die Bibliothek. Heute steht er leer! Während der Kulturrevolution hätte man die Bücher als Brennmaterial benutzt, erfahren wir. Zurzeit wohnen zehn mongolische Mönche im Kloster. Sie mögen sich in der riesigen Anlage verloren vorkommen. Wir klettern auf einen Hügel und überblicken den Klosterkomplex. Inzwischen sind chinesische Gruppen eingetroffen. Der öffentliche Bus kreuzt auf: Es gibt ihn wahrhaftig. Wir wandern zurück, sind aber noch nicht lange unterwegs, als ein Jeep uns einlädt und uns eine halbe Stunde später in Baotou absetzt.

Die Kohlenstadt Datong, die Yungang-Grotten und das Hängende Kloster

Am Westbahnhof der großen Industriestadt Baotou bekommen wir ohne Schwierigkeiten unsere Fahrkarten nach Peking zum Preis, den Einheimische zahlen. Roland hat die gute Idee, mit dem Bus zum Ostbahnhof zu fahren, um eventuell bessere Plätze im Zug zu bekommen. Gemächlich schaukelt der überfüllte Bus über eine Stunde lang von einem Ende der Stadt zum anderen, und unser Zug fährt inzwischen auf Peking zu.

Der nächste fährt um halb acht am Abend. Beide erbeuten wir Zweierbänke. Müde, wie wir sind, darf sich niemand zu uns setzen. Wir rollen uns zusammen und versuchen diese nie enden wollende Zugfahrt zu überleben. Um 3.45 Uhr in der Nacht laufen wir in Datong ein. Ich unterbreche meine Fahrt und steige aus, Roland fährt nach Peking durch. Der schmutzige Wartesaal ist voll mit Menschen, die sich auf den Bänken und auf dem Boden liegen. Ich finde einen Platz an der Wand, wo ich mich auf meinen Rucksack setze. Sogar mitten in der Nacht gibt es Leute, die nicht zu müde sind, sich vor mir aufzubauen und mich wie ein Zootier zu betrachten. Gaffer kommen und gehen.

Mit dem ersten Bus des Tages fahre ich durch die Kälte zum Datong-Hotel und bekomme ein Bett im Zehnbettzimmer für sechs Yuan. Ich bin allein. Zuerst setze ich mich in einen der beiden Sessel am Fenster, bereite mir eine Tasse Tee zu, stütze die Arme auf die mit Spitzendeckchen geschützten Armlehnen und stecke mir eine Zigarette an. Was das Rauchen betrifft, gibt es in China keine Gängelei, weder in Zügen, Bussen, Restaurants noch Hotels. Man darf rauchen und spucken und seinen Müll auf die Erde werfen. Im Hotelzimmer steht ein Spucknapf, in den ich meinen Abfall werfe.

Im Badezimmer fließt sofort heißes Wasser, womit ich nicht gerechnet hatte, denn meistens muss man bis zum Abend warten. Ich bin schwarz wie ein Mohr von den langen Zugfahrten der vergangenen Tage. Nach dem Duschen fühle ich mich wie neugeboren. Ich setze mich in den Sessel, trinke eine zweite Tasse Tee, zünde mir eine Zigarette an und gucke dem sich kringelnden Rauch nach. Das Leben ist herrlich!

Datong liegt 300 Kilometer westlich von Peking und 1200 Meter über dem Meeresspiegel. Die Stadt wurde unter den Han (206 v. Chr. – 220 n. Chr.) gegründet. Der Konfuzianismus gewann neben dem Taoismus an Bedeutung und buddhistische Mönche brachten den Buddhismus ins Land. Voller Begeisterung übersetzten sie die Sutren ins Chinesische.

Die Yungang-Grotten bei Datong, Shanxi

Während der Nördlichen Wei-Dynastie (386 – 534) war Datong fast einhundert Jahre lang (398 – 494) die Hauptstadt der Herrscher. Eine Mauer umgibt den alten Stadtteil. Die niedrigen, nordchinesischen Lehmhäuser sind geschmückt mit Zierrahmen und bunten Fensterscheiben. Sie wirken wie Puppenhäuschen. Radfahrer und Maultierkarren beleben die schmalen Straßen und Gassen. Auf den Karren transportieren die Menschen Kohlebrocken, das schwarze Gold der Bergwerksstadt Datong.

Das Hauptziel eines jeden Besuchers sind die buddhistischen Yungang-Grotten, die etwa 15 Kilometer außerhalb der Stadt liegen. Unter den Nördlichen Wei entstanden 53 Höhlen und 51 000 Statuen in den Wuzhou-Bergen. Die größten Tempel gab es bereits in der ersten Hälfte des ersten Jahrtausends.

Die Höhlen selbst und die Bildhauereien wurden aus der glatten Felswand herausgehauen wie die Ellora-Höhlen in Indien. Mit offenem Mund bestaune ich diese Meisterwerke der Steinmetzkunst! Zehn Meter hohe Buddha-Statuen stehen neben den unzähligen Nischen, die mit kleinen Figuren gefüllt sind. Statuen, Nischen und Wände sind aufs Feinste bemalt. Der Detailreichtum ist überwältigend. Im tiefen Inneren sind die Farben kaum verblasst. Die Yungang-Grotten gefallen mir noch besser als die Mogao-Grotten in Dunhuang. Für Außenaufnahmen fehlt der Sonnenschein. Eine schmutziggraue Dunstschicht bedeckt den Himmel und ein eisiger Wind weht.

Eine weitere Sehenswürdigkeit liegt in der Nähe des Ortes Hunyuan, 75 Kilometer südöstlich von Datong, das Hängende Kloster im Hengshan-Gebirge. Bei CITS (China International Travel Service) ziehe ich Erkundigungen ein: Wie komme ich dahin? Wann fährt ein Bus?

Die Angestellte von CITS, eine unfreundliche Katze, will mir weismachen, es gäbe keinen öffentlichen Bus; ich hätte ein Taxi für 80 Yuan und einen Reiseleiter für 20 Yuan zu mieten. Das wäre nicht teuer, sagt sie, ich könne das bezahlen. Sie führt sich auf, als könne sie über mein Geld verfügen. Ob sie wohl neidisch ist? Wahrscheinlich verdient sie nicht einmal einhundert Yuan im Monat.

Am Busbahnhof ziehe ich Erkundigungen ein: Gibt es einen Bus nach Hunyuan? Früh am Morgen fährt einer.

Am nächsten Morgen behandelt man mich am Busbahnhof wie eine Königin, umhegt und pflegt mich und reicht mich weiter, bis ich meine Fahrkarte nach Hunyuan in der Hand halte. Draußen ist es dunkel und kalt, eine Frau ruft mich in ihr Dienstzimmer an den Kanonenofen, wo ich mich

Das Hängende Kloster bei Datong, Shanxi

aufwärme. Um 8.20 Uhr fährt der Bus ab. Der Schaffner holt mich persönlich ab und setzt mich in die erste Reihe.

Die Straße schraubt sich zu einem Pass hoch und erreicht ein Kalksteingebirge, das im Sonnenschein blitzt. Dann rollt der Bus hinunter nach Hunyuan. Ich steige aus. Auf der Hauptstraße drängen sich Menschen wie auf einem Kirmesplatz. Ich wandere zum Städtchen hinaus auf die nächste Gebirgskette zu. Schon von Weitem sehe ich den Tempel hoch oben in einer senkrechten Felswand leuchten. Mehrere kleine, bunte Tempelgebäude und Pavillons mit geschwungenen Dächern kleben am gelben Sandstein über der Schlucht. Stützpfeiler auf Vorsprüngen tragen diese gewagte Konstruktion. Treppen, Gänge und Brücken verbinden die verschiedenen Bereiche. Buddhistische und taoistische Heiligenfiguren schmücken die Räume.

Das Hengshan-Gebirge zählt zu den fünf heiligen Bergen der chinesischen Mythologie. Seit undenklichen Zeiten pilgerten die Kaiser zu diesem Berg, um dem Himmel zu opfern. Das Hängende Kloster entstand – wie die Yungang-Grotten – während der Nördlichen Wei-Dynastie. Hoch über dem Talgrund gelegen, erfüllt es die taoistische Forderung nach Stille: Kein Hahnengeschrei und kein Hundegebell dringen in die Tempelhallen, kein Laut stört die meditierenden Mönche.

Um 14.30 Uhr bin ich zurück in Hunyuan. Ein Bus nach Datong fährt nicht mehr. Mir bleibt nichts anderes übrig, als zu trampen. Im eisigen Wind stehe ich lange an einer Ausfallstraße. Ein Lkw nach dem a nderen fährt vorbei. Die vorbeirollenden Eselskarren können mir nicht weiterhelfen. Ich sehe mich schon im Ort übernachten und schlendere zurück ins Zentrum. In letzter Minute hat ein Lkw-Fahrer Erbarmen, nimmt mich mit nach Datong und setzt mich vor dem Hotel ab. Die Sonne ist gerade untergegangen.

Peking, alte Kaiserstadt und das Zentrum der Macht

Mittags steige ich in den Zug von Datong nach Peking. Schon bald taucht die Chinesische Mauer am Fuße einer Hügelkette auf. Ein Stück weiter zieht sie sich über das Gebirge und wirkt so mächtig, wie ich sie mir vorgestellt habe. Am Abend läuft der Zug nach achtstündiger Fahrt in Peking ein. Im Guang Hua Hotel ziehe ich in ein Dreibettzimmer ein und genieße die heiße Dusche.
.

In der Verbotenen Stadt, Peking

Mein erster Weg am nächsten Morgen führt mich ins Zentrum der Stadt zum Tiananmen Square, dem Platz des Himmlischen Friedens. Ich stehe auf einem überwiegend leeren asphaltierten Feld, dem größten der Erde, aber wahrlich nicht dem schönsten. Am Rande erblicke ich die Große Volkshalle, das Revolutionsmuseum und das Historische Museum. Das Monument der Volksheroen und die Mao-Zedong-Gedenkhalle besetzen die Mitte.

Im Norden dann das Tor des Himmlischen Friedens, das zur »Verbotenen Stadt«, der ehemaligen Kaiserresidenz, führt. Heute hängt über dem Portal ein Abbild des gealterten Mao Zedongs in grauem Hemd, der die kommunistische Partei gründete und nach jahrzehntelangem Kampf gegen Chiang Kaishek und die Kuomintang siegte. Auf dem Platz des Himmlischen Friedens rief er 1949 die Volksrepublik China aus. Bis zu seinem Tod am 9. September 1976 lenkte er die Geschicke Chinas und entschied wie ein Kaiser über Leben und Tod seiner Untertanen. Weiße chinesische Schriftzeichen auf purpurrotem Grund überziehen in ganzer Breite die Mauer: Lang lebe die Volksrepublik China! Lang lebe die große Einheit der Völker der Welt!

Nachdem Peking während der Yuan-Dynastie (1279 – 1368) für etwa einhundert Jahre die Hauptresidenz der Mongolen war, gründete der Rebell Zhu Yuanzhang die Ming-Dynastie (1368 – 1644) und vertrieb die Fremden. Er regierte in Nanjing in Südchina. Anfang des 15. Jahrhunderts verlegte der dritte Ming-Kaiser, Yongle Zhou Di, seinen Regierungssitz von Nanjing nach Peking. Er ließ den von den Mongolen errichteten Palast abreißen und erbaute innerhalb weniger Jahre die »Verbotene Stadt«, die größte Palastanlage der Welt.

Er entwarf sie nach geomantischen Gesichtspunkten und als kosmisches Zentrum der Welt, symbolisiert durch die eisenrote Farbe der mächtigen Mauern. Sein Regierungssitz bestand aus 1000 Gebäuden mit 9 999 Räumen, denn nur der Palast des Himmels selbst durfte dem Glauben nach aus 10 000 Räumen bestehen. Pekings Kaiserpalast galt als Drehpunkt der Welt. Vierundzwanzig Herrscher, Söhne des Himmels, regierten das Reich der Mitte von der »Verbotenen Stadt« aus. Kein Gebäude in Peking durfte die kaiserlichen Paläste überragen und niemand, der außerhalb der »Verbotenen Stadt« wohnte, durfte gelbe Dachziegel verwenden, denn Gelb war die Farbe des Kaisers. Der einfache Mann aus dem Volk hatte grundsätzlich keinen Zutritt zur Kaiserresidenz.

Die Verbotene Stadt ist in den Inneren und den Äußeren Hof aufgeteilt, in den offiziellen und den privaten Bereich. Der Besucher betritt sie durch das

Mittagstor im Süden. Allein dieses in Hufeisenform gebaute Tor ist mit fünf Pavillons gekrönt und von palastartiger Höhe, Breite und Tiefe. Der mittlere der drei Eingänge war dem Kaiser vorbehalten, durch die beiden anderen schritten die Mandarine und die kaiserliche Familie.

Ich kaufe mir eine Eintrittskarte für etwa 70 Cent und begebe mich wie der Kaiser durch den mittleren Eingang. Im ersten Hof halte ich vor fünf gerundeten Marmorbrücken an. Sie führen über das geschwungene Steinbett des Goldwasserflusses und erinnern an die fünf konfuzianischen Tugenden der Liebe, der Rechtschaffenheit, der Gewissenhaftigkeit, der Ehrlichkeit und der Loyalität. Der Mensch soll Vater, Mutter und Vorfahren ehren, ein sittlich einwandfreies Leben führen und seinem Kaiser treu ergeben sein.

Durch das Tor der Höchsten Harmonie, einem mit geschwungenen Dächern gekrönten Bauwerk, betrete ich den nächsten, den Äußeren Hof, in dem die drei Audienz-Hallen stehen. Die wichtigste, größte und schönste ist die Halle der Höchsten Harmonie mit dem Drachenthron. Ein Palast steht hinter dem anderen auf der Nord-Südachse, gemäß der geomantischen Lehre. Da das Böse stets aus dem Norden kam, zum Beispiel der eisige Wind, die Hunnen und die Mongolen, öffnen sich Hallen und Paläste nach Süden.

Doch noch lange nicht habe ich die majestätisch wirkenden Hallen in der Ferne erreicht. Die Ausdehnung des großen Platzes vor mir ist gewaltig. Bis zu 20 000 Personen versammelten sich hier, um dem Kaiser zum Geburtstag zu gratulieren. Große Audienzen fanden zum chinesischen Neujahrsfest und zur Wintersonnenwende statt, wenn die Tage wieder länger als die Nächte wurden. Einzelne Besucher müssen sich winzig vorgekommen sein, wenn sie über den leeren Hof schritten, sich der Audienzhalle langsam näherten, die Stufen zum Drachenthron erstiegen, um dem Sohn des Himmels untertänig, mit dem Blick zum Boden gerichtet, zu begegnen.

Im strahlenden Sonnenschein wandere ich unter riesigem Himmel auf die Hallen zu. Ich komme mir auf dem großen Hof auch winzig vor, fühle mich aber großartig. Marmortreppen führen hinauf auf die dreistufigen Marmorterrassen, auf denen die drei Audienz-Hallen stehen, die Halle der Höchsten Harmonie, die Halle der Vollkommenen Harmonie und die Halle der Erhaltung der Harmonie, in denen die Banketts stattfanden. Fein geschnitzte marmorne Geländer umgeben die Terrassen. Marmorbalustraden schimmern weiß vor rotem Mauerwerk. Auf den Mauern der Bauwerke ruhen die ein- und zweistöckigen Dächer, deren ockerfarben glasierte Ziegel die Sonne reflektieren.

Ich steige die weißen Stufen hinauf und stehe vor dem vergoldeten Drachenthron. Vierundzwanzig mit goldenen Drachen verzierte Säulen umgeben ihn und stützen das geschwungene Dach. Der Drache ist das Zeichen des Kaisers und symbolisiert seine Autorität und Stärke. In der Halle der Höchsten Harmonie wurde der Kaiser gekrönt, hier feierte er seinen Geburtstag, gewährte Audienzen und verkündete die Namen hoher Staatsbeamter, die die schwere Prüfung für ihr Amt bestanden hatten. Kaiserliche Trauungen und Festlichkeiten fanden ebenfalls an diesem Platz statt. Das Tor der Reinheit trennt den äußeren vom inneren Bereich, die drei Empfangshallen von den drei Privatpalästen der Kaiserfamilie. Im Palast der Himmlischen Reinheit erholte sich der Kaiser vom Regierungsamt. Die Paläste der Irdischen und Himmlischen Einigkeit schließen sich an und im Palast der Irdischen Ruhe schlief die Kaiserin.

Viele chinesische Gruppen sind unterwegs, Mitglieder einer Dorf- oder Stadtkommune, die die Kultur ihres Landes kennenlernen sollen. Mit Leidenschaft lassen sie sich vor Bronzelöwen, Räucher- und Wassergefäßen, vor Toren und Palästen knipsen. Sie setzen sich auf Schildkrötenskulpturen und lehnen an steinernen Kranichen, um sich auf einem Foto verewigen zu lassen.

Im Norden, direkt hinter der »Verbotenen Stadt«, liegt der Kohlehügel, ein künstlich aufgeworfener Berg, der vor den bösen Einflüssen aus dem Norden schützen sollte. Gleichzeitig lagerte man hier die Kohle, die im Winter in den Palästen verfeuert wurde. Von einem Pavillon auf dem Kohlehügel habe ich einen weiten Blick über die geschwungenen Dächer der Paläste, Hallen und Wohngebäude, die sich wellengleich ins Endlose fortpflanzen. Die schiere Größe der »Verbotenen Stadt« ist überwältigend und offenbart die Macht und den Reichtum der Kaiser, die das Volk im Auftrag des Himmels lenkten.

Ich laufe zurück zum Tianmen Square, überquere ihn in seiner ganzen Länge und erreiche die Qianmen Road, eine belebte Einkaufsstraße. Endlich finde ich ein Restaurant, esse zu Abend, kehre zum Hotel zurück, trinke Tee und falle todmüde ins Bett.

Im Peking-Hotel gibt es für den Spottpreis von 2,50 Yuan, etwa 50 Cent, jeden Morgen ein Frühstücksbüfett: Eier, Toast, Butter!! Marmelade, Kaffee!! – an diesen Leckereien darf sich jeder Gast satt essen und ich greife gerne zu. Anschließend gehe ich noch einmal in die »Verbotene Stadt«, um einige der Privatgemächer, die Schatzkammer und eine Kunstgalerie zu besuchen, schaue mir den goldenen, mit Edelsteinen besetzten Schmuck der Herrschenden, feines Porzellan, hohe Vasen, Glockenspiele, prunkvolle Sättel, goldene Köcher, chinesische, mit Kalligrafie verzierte Gemälde an und schon wieder ist ein Morgen herum.

Den Nachmittag verbringe ich im Beihai-Park. Er breitet sich nordwestlich der »Verbotenen Stadt« aus, ein im 12. Jahrhundert angelegter kaiserlicher Garten. Sechs künstliche Seen entstanden im Laufe der Zeit und erhielten, wie das in China üblich ist, wohlklingende Namen. Der erste See, den man aushob, heißt »See der Westlichen Blume«. In der Mitte schüttete man eine Insel auf, die »Insel der Erlesenen Jade«, und erbaute auf ihr den Mondpalast. Kaiser Yongle ließ den »See der Westlichen Blume« vergrößern und den »Südlichen See« ausschachten. Sein heutiges Gesicht erhielt der Park im 18. Jahrhundert.

Auf dem Hügel der Jadeinsel erhebt sich bis heute die »Weiße Pagode« aus dem Jahr 1651, die man auf den Ruinen des Mondpalastes zu Ehren des fünften Dalai Lamas, der Peking besucht hatte, erbaute. Sie überragt die Bäume, Tore und Pavillons und ist der Blickfang des Parks. Eine mit Marmorschnitzereien verzierte Brücke führt hinüber auf die Insel zu einem prächtigen, dreigeteilten chinesischen Tor, das unterhalb der Pagode am Ufer steht. Die Sonne geht schon wieder unter. Es gibt zu viel zu sehen. Jeder Tag ist zu kurz in Anbetracht eines Visums, das den Kalender bestimmt.

Am nächsten Morgen besuche ich eine der berühmtesten Sehenswürdigkeiten in Peking, den Tiantan Si, den Himmelstempel. Er besteht aus mehreren Hallen und Terrassen, die auf quadratischem oder kreisrundem Grundriss stehen. »Der Himmel ist rund«, heißt es im »Buch der Wandlungen«, im I-Ging, das die Philosophie und die Kosmologie des alten China enthält. Die Halbkugel des Himmelsgewölbes überspannt dieser Vorstellung nach die als Quadrat dargestellte Erde.

Der Kaiser verkörperte den Willen des Himmels. Er hatte den Auftrag, die Harmonie zwischen Himmel, Erde und Mensch herzustellen. Zweimal im Jahr besuchte er den Tiantan Si, betete um eine gute Ernte und opferte dem Himmel. Im Süden der Anlage liegt der kreisrunde Altar, gestaltet als dreistufige Marmorterrasse. Die oberste verkörpert den Himmel, die mittlere die Erde und die untere die Menschheit. In der Mitte der oberen Terrasse liegt eine runde Steinplatte, in der Vorstellung der Ming- und Qing-Kaiser der Mittelpunkt der Welt.

Die kreisrunde Halle des Himmelsgebäudes steht im Norden. Ihr blau glasiertes Ziegeldach glänzt in der Sonne. Eine Echomauer umgibt sie und leitet

Der Himmeltempel in Peking

im Flüsterton gesprochene Worte auf die gegenüberliegende Seite. In den Seitenhallen bewahrte man die kaiserlichen Ahnentafeln auf.

Ein 500 Meter langer Brückenweg führt zum wichtigsten und wahrlich himmlisch anmutenden Tempel, der Halle der Ernteopfer. Kaiser Yongle ließ sie errichten. Der ausgewogene Rundbau erhebt sich auf einer dreistöckigen Marmorterrasse, sein dreistufiges, blau glasiertes Ziegeldach schwingt ebenmäßig in den Himmel. Im Innern stützen 28 Säulen das 38 Meter hohe Bauwerk. Die Kuppel und die gerundeten Wände sind delikat bemalt und verziert. Die vier mächtigen Säulen in der Mitte der Halle bestehen aus Kampferholz und glänzen golden auf rotem Untergrund. Sie symbolisieren die vier Jahreszeiten. Für den Bau dieses Meisterwerks der Architektur verwendeten die Bauarbeiter nicht einen einzigen Nagel.

Ich laufe zum Südtor hinaus und gelange irgendwann auf die Qianmen Road. In der Nähe vom Friendship Store soll es ein gutes Restaurant geben, ich kann es aber nicht finden. Ich gehe in ein anderes und bestelle eine Nudelsuppe. Der Kellner knallt sie auf den Tisch. Diese Unfreundlichkeit ist kein Zufall! An Schaltern und in Läden stieß man mich wiederholt rüde zur Seite. Die Leute beachten mich nicht, sie tun, als sei ich Luft. In Peking bin ich nun schon vier Tage. Nicht ein einziges Mal kam ich mit jemandem ins Gespräch. Sogar das Anstarren verkneifen sich die Leute. Der Kontakt zu Ausländern ist offiziell unerwünscht und die Menschen haben Angst vor Spitzeln. Außerhalb Pekings kamen oft Menschen auf mich zu, die nach Woher und Wohin fragten. Hier wacht der große Bruder.

Im Hotel habe ich eine Tagestour zur Großen Mauer und zu den Kaisergräbern in der Nähe gebucht. Zwei Stunden braucht der Bus bis zur Großen Mauer bei Badaling. Wir steigen aus, klettern auf die Mauer und bewundern ihr gewaltiges Ausmaß. Der erste Kaiser Chinas, Qin Shihuangdi, ließ nicht nur die Terrakotta-Armee in Xi'an aufstellen, sondern er begann im dritten Jahrhundert vor unserer Zeitrechnung auch mit dem Bau der Großen Mauer, um sein Reich vor den Barbaren aus dem Norden zu schützen. Er verband die schon bestehenden Grenzwälle zu einer – wie die Chinesen sagen – 10 000 Li langen Mauer, die über die Gebirgskämme und durch die Täler verlief. (1 Li ~ 500 Meter). 221 v. Chr. arbeiteten 300 000 Leute zehn Jahre lang an der Mauer, um sie fertigzustellen. In der Han-Zeit (206 v. – 220 n. Chr.) verdoppelten die Kaiser ihre Länge auf etwa 10 000 Kilometer und erbauten Wachtürme. Mittels Signalfeuern verbreitete sich die Kunde von einem heranrückenden Feind wie ein Lauffeuer entlang der Großen Mauer. Mit der

Zeit verfielen Sektionen. Unter den Ming wurden 1368 – nach Beendigung der Herrschaft der Mongolen – neue Abschnitte erbaut und alte ausgebessert. Diese Mauer war 8800 Kilometer lang. Bis zum 16. Jahrhundert nagten Wind und Wetter an dem Monument und es verfiel erneut. 1953 restaurierte man ein Teilstück der Mauer bei Badaling, ein begehrtes Reiseziel für die Besucher Chinas. Wer will sie nicht gesehen haben, die Große Mauer?

Bei Badaling ist sie zehn Meter hoch und zehn Meter breit. Ich laufe auf und ab über die Steinplatten der Straße, die zwischen den Zinnen verläuft. Malerisch schlängelt sich das Bollwerk über die steilsten Berge, eine steinerne Riesenwelle, die sich ins Unendliche fortsetzt – bis ans Ende der Welt. Ein kalter Wind fegt übers Land, jetzt, Anfang November.

Wir fahren weiter zu den Ming-Gräbern. Sie liegen inmitten von sanft geschwungenen Hügeln. Dreizehn der sechzehn Kaiser der Ming-Zeit (1368 – 1644) wurden am Fuße des Berges Tianshan begraben. Auf dem »Heiligen Weg«, der zu den Gräbern führt, halten wir leider nicht an. Er ist gesäumt von großen Steinskulpturen, die Pferde, Kamele, Löwen, Elefanten, Fabeltiere und hohe Würdenträger darstellen. Jedes Tier zeigt sich einmal in stehender und einmal in kniender Position. Die Würdenträger müssen stehen, denn keinem Menschen des Kaiserreiches war es erlaubt, sich in der Nähe des Herrschers zu entspannen.

Das größte Grab im Tal, das Chang Ling, legte Kaiser Yongle 1409 für sich selbst an. Die Hallen der Anlage sind restauriert und zugänglich, die Grabkammer hat man bis heute nicht freigelegt. Die Opferhalle mit dem klangvollen Namen »Halle der Himmlischen Gunst« ist ein Abbild der »Halle der Höchsten Harmonie« in der »Verbotenen Stadt«. Sie ist riesig. Dahinter liegt ein Opferaltar, hinter ihm steht der Seelenturm, und dann gelangt man zum Tumulus, der einen Durchmesser von 300 Metern hat. Die Suche nach den Grabkammern ist wie die Suche nach einer Stecknadel im Heuhaufen.

Die Grabkammer des dreizehnten Herrschers der Ming-Dynastie, des Kaisers Wanli, der von 1573 – 1620 regierte, besteht aus fünf Hallen, die kreuzförmig zueinander angelegt sind. Tonnenschwere Steintore versiegelten die Kammern, um die kostbaren Grabbeigaben zu schützen. Archäologen öffneten sie und entdeckten 26 Truhen. Sie hoben einen Schatz: Schmuck, Juwelen und die mit Edelsteinen besetzten Kronen des Kaisers und der Kaiserin. In zwei Museumsräumen bewundere ich einige der Exponate.

Wir kehren nach Peking zurück. Abends besuche ich eine Artistenschau. Die akrobatischen Kunststücke sind vom Feinsten.

Die königlichen Gärten in Peking

Die königlichen Gärten mit dem Sommerpalast stehen am nächsten Tag auf dem Programm. Kaiser Qianlong ließ im 18. Jahrhundert den Palast anlegen. Rund um den künstlich geschaffenen Kunming-See breitet sich der chinesische Landschaftsgarten aus, der »Garten des Friedens und der Harmonie im Alter«. Es gibt die »Halle des Wohlwollens«, die »Halle der Jadewellen« und die »Halle der Freude«. Die »Pagode des Buddhistischen Wohlgeruchs« ragt am Ufer auf und der »Pavillon der Kostbaren Wolken« spiegelt sich im See.

Von einem der Paläste führt ein 728 Meter langer Wandelgang zu einem imposanten Marmorschiff, das als Aussichtspunkt am Ufer des Sees erbaut wurde. Eine Siebzehnbogenbrücke aus Marmor überspannt elegant das Wasser. Auf einem Hügel steht ein buddhistischer Tempel. Die königlichen Gärten sind die schönsten Gartenanlagen, die ich bisher in China gesehen habe.

Der letzte Tag meines neuntägigen Pekingaufenthalts bricht an. Bevor der Nachtzug mich weiter durch das große chinesische Reich bringt, besuche ich den Lama-Tempel im Xiangshan-Park in den Westbergen. Er wurde 1694 während der Qing-Dynastie erbaut. Zunächst diente er als Prinzenpalast. Er besteht aus fünf großen Hallen und Innenhöfen. Im Wanfu-Pavillon stellt eine 18 Meter hohe Statue aus Sandelholz Maitreya dar, den Buddha der Zukunft. In den Gebäuden chinesischer Architektur ist die Innenausstattung in tibetischem Stil gestaltet.

Der Xiangshan-Park wurde vor 700 Jahren angelegt. Im Park des »Duftenden Berges« liegen weitere Tempel und Pavillons verteilt. Ich habe keine Zeit mehr, zum Gipfel aufzusteigen, denn die Sonne verschwindet bereits hinter dem hohen Gebirgszug, in dessen Halbrund der Park angelegt ist. In Herbstfarben leuchten die Hänge purpurn auf. In überfüllten Bussen fahre ich zurück zum Hotel, um den Zug nach Taiyuan um 23.20 Uhr zu erreichen.

Über Taiyuan nach Luoyang zu den Longmen-Grotten

Der Zug ist neun Stunden unterwegs und läuft kurz nach acht Uhr in Taiyuan ein. Die Hauptstadt der Provinz Shanxi liegt über 1000 Meter hoch. Eine klirrende Kälte umfängt mich, als ich nach dem Aussteigen auf dem Bahnhofsvorplatz stehe, ein schneidender Wind weht.

Der Jinci-Tempel aus dem 11. Jahrhundert, Taiyuan, Shanxi

Taiyuan wurde im 11. Jahrhundert v. Chr. gegründet. In den Straßen kann ich nichts Historisches entdecken, über der modernen Industriestadt, einem Kohlezentrum, hängt eine kalte Dunstglocke.

Ich fahre zum Jinci-Tempel, dem Ahnentempel der Jin, dem berühmtesten der Provinz. Er liegt 25 Kilometer südwestlich von Taiyuan. Vermutlich begann man im vierten Jahrhundert mit dem Bau. In einem Park liegt er zwischen Quellen, Kanälen, Seen, Brücken und Grünflächen. Die Anlage besteht aus Hallen, Tempeln und Pavillons. Lustlos laufe ich durch den Park. Vielleicht bin ich mit Tempeln und Pavillons übersättigt, vor allen Dingen ist es mir zu kalt. Der Wind pfeift durch meine Sportschuhe, ich habe eiskalte Füße. Trotz der Kälte bewundere ich die »Halle der Heiligen Mutter« aus der Song-Zeit des elften Jahrhunderts: Sie ist außergewöhnlich alt, schön und verwittert. Die »Fliegende Brücke«, ebenso alt, führt über ein quadratisches Wasserbecken zu ihr hinüber. Die 900 Jahre alte Figur der heiligen Mutter Yi Jiang, der Mutter des Prinzen Shuyu, ist von 42 lebensgroßen, in Ton modellierten Hofdamen umgeben. Draußen winden sich Drachenleiber um die Holzsäulen. Bejahrt wie sie sind, müssten sie gestrichen werden. Vier Krieger aus Eisen bewachen den Tempel.

Nach meiner Besichtigungstour bummele ich durch den alten Stadtteil Taiyuans zum Bahnhof, um eine Fahrkarte nach Luoyang zu besorgen. Im

Hotel habe ich mir die Angaben in chinesischen Schriftzeichen aufschreiben lassen. Vor jedem Schalter stehen lange Schlangen. Ich stelle mich in einer an. Stehe ich richtig? Ich halte meinem Nachbarn meinen Zettel unter die Nase. Nein! Du stehst falsch! Geh in die nächste Reihe! Es bleibt mir nichts anderes übrig, als zum nächsten Schalter zu wechseln. Kurz bevor ich an der Reihe bin, klappt der Beamte das Fensterchen zu. Ihm ist es egal, wie viele Menschen noch warten. Ich gehe zur Auskunft und zeige meinen Zettel vor. Eine Angestellte hat Erbarmen und besorgt mir mein Ticket zum chinesischen Preis. Sie sorgt auch für eine Reservierung. Es gibt nur einen Nachtzug, der in zwei Stunden abfährt.

Zurück im Hotel, bringt mich eine Angestellte zum Speisesaal und nach dem Essen sorgt sie für heißes Teewasser. Gesättigt gehe ich zum Bahnhof. Pünktlich fährt der Zug ab. Im Waggon es ist kalt! Frierend wache ich immer wieder auf. Am nächsten Morgen steige ich in einen überfüllten Zug nach Luoyang. Ich stehe zwei Stunden bis zur Ankunft. Bus Nummer zwei bringt mich zum Friendship-Hotel. Ich dusche, frühstücke und gehe durch den sonnigen Morgen in die Altstadt. Die Temperaturen sind gestiegen, endlich brauche ich nicht mehr zu frieren. Die Atmosphäre der Stadt gefällt mir, es geht geruhsamer zu als in Peking. Die Menschen lachen mich wieder an. Der alles kontrollierende »Große Bruder« ist weit weg.

Luoyang und die Longmen-Grotten

Luoyang liegt in der Provinz Henan in der Nähe des Gelben Flusses. Wiederholt war die Stadt die Metropole der Kaiser und wechselte sich mit Chang'an, dem heutigen Xi'an, ab. Schon früh entwickelte sich Luoyang zum Zentrum des Buddhismus. Bereits im ersten Jahrhundert entstand acht Meilen östlich der Stadt der Tempel des Weißen Pferdes, der erste buddhistische Tempel in China. Die heutigen Bauwerke stammen allerdings aus der Ming-Zeit (1368 – 1644). Die buddhistischen Höhlen von Luoyang und die Longmen-Grotten nennt man in einem Atemzug mit den Mogao-Grotten bei Dunhuang und den Yungang-Grotten bei Datong. Im Jahr 494 schlug man die ersten Höhlen aus den Felswänden, die das Yi-Tal einrahmen. Über 1300 Höhlen, 750 Nischen, 40 Pagoden und 97 000 Heiligenstatuen verschiedener Größe entstanden bis zur Mitte des 8. Jahrhunderts, sieben Dynastien lang setzte man den Bau der Grotten fort.

Die ältesten Höhlen haben im Laufe der Zeit gelitten. Zahllose Nischen sind heute leer. Viele der gestohlenen Statuen befinden sich in Museen rund um die Welt. Am traurigsten ist nicht der Anblick der leeren Nischen, sondern der Anblick der verbliebenen Skulpturen: Köpfe und Gesichter sind ihnen weggeschlagen, fast alle hat man während der Kulturrevolution (1966 – 1976) mutwillig zerstört. Es ist unfassbar! Nur vor den größten und prächtigsten Werken hat der Vandalismus Halt gemacht, vor der siebzehn Meter hohen Buddha-Statue Vairocana und den Wächterfiguren im Fengxian-Tempel, dem bekanntesten Höhlentempel von Longmen. In das friedfertige und sanftmütige Gesicht des Buddha Vairocana konnte selbst der größte Barbar nicht hineinschlagen. Vairocana gehört zur Familie der Urbuddhas, die das Absolute, im Grunde nicht mehr Darstellbare verkörpern. Er, der Sonnengleiche, transzendiert alle Gegensätze und durchstrahlt den Kosmos. Mit der linken Hand umschließt er den rechten Zeigefinger, ein Symbol für die Einheit aller Dinge. Die Sonnenscheibe ist sein Attribut. Akshobhya, Amitabha, Ratnasambhava und Amogasiddhi vervollständigen die Familie der Urbuddhas. Die Idee der Adibuddhas, wie man sie auch nennt, spielt im esoterischen Buddhismus, der sich im 4./5. Jahrhundert entwickelte, eine große Rolle.

An einer Seitenwand des Fengxian-Tempels steht der König der himmlischen Wächter. Er trägt in der rechten Hand einen Stupa, ein Zeichen Buddhas, daneben schlägt ein wild blickender Hüter alle bösen Geister und Dämonen in die Flucht. Während der Tang-Dynastie entstand die Wanfo-Grotte mit 15000 kleinen Buddha-Figuren. Eine Lotosblüte verziert die Decke und in der Qianxi-Höhle sitzt Buddha Amitabha, der Buddha des grenzenlosen Lichts, inmitten von Schülern, Bodhisattvas und Himmelswächtern.

Im alten Stadtteil Luoyangs stehen einstöckige Häuschen mit alten Ziegeldächern. Auf einigen sprießt Gras. Frauen und Männer sitzen in den Gassen, zupfen Baumwolle, stricken oder tun gar nichts. Marktstände ziehen sich durch das Zentrum. In Spezialöfen dünsten die Verkäufer süße Kartoffeln, die ich probiere.

Im Frühling blüht ein Meer von Päonien im Wangcheng-Park. Päonien waren die Lieblingsblumen der Kaiserin Wu Zetian (625 – 705), einer Buddhistin, die die großartigen Statuen des Fengxian-Tempels in Auftrag gab. Buddha Vairocana soll ihre Gesichtszüge tragen.

Buddha Vairocana, der Sonnengleiche, in den Longmen-Grotten von Luoyang, Henan

Ich komme mit dem Busfahrer eines Touristenbusses vor dem Hotel ins Gespräch und er fragt, ob ich schon von Dengfeng gehört hätte, von den buddhistischen Klöstern in der Region, von der zwölfseitigen Pagode und dem Observatorium dort. Er schenkt mir eine Übersichtskarte und ich beschließe, das Shaolin-Kloster zu besuchen.

Auf dem Busbahnhof behandelt mich das Buspersonal am nächsten Morgen wie einen kostbaren Schatz: Die Frauen setzen mich in einen ihrer Diensträume und reden Chinesisch auf mich ein. Ich verstehe kein Wort. Sie wollen bestimmt wissen, woher ich komme, ob ich verheiratet bin und ob ich Kinder habe. Nach dieser nicht sehr erfolgreichen Konversation bringen sie mich zum Bus und weisen mir den besten Platz in der ersten Reihe zu.

Eineinhalb Stunden durchfährt der Bus eine Ebene und schnauft dann das Songshan-Gebirge hinauf. Die Landschaft leuchtet im Sonnenschein. Am Shaolin-Kloster steige ich aus. Ess- und Souvenirstände stehen am Wegesrand, viele Menschen haben sich eingefunden, um dieses berühmte Kloster, in dem einige Kung-Fu-Filme gedreht wurden, zu besuchen. 495 wurde es gegründet. Damo, ein Mönch aus Indien, meditierte hier neun Jahre lang und rief die Schule des Chan-Buddhismus (die Schule des Zen) ins Leben. Shaolin wurde zum Vorläufer aller Zen-Klöster in China.

Im Mittelpunkt des Zen-Buddhismus steht die Meditation, die zur Erleuchtung führen soll. Damo lehrte die körperliche Ertüchtigung durch die Kraft des Geistes. Er ist der Gründer der Kampftechnik des Kung Fu. Seit der Tang-Zeit sind die für den Kaiser kämpfenden Mönche des Shaolin-Klosters berühmt. Alte Fresken schmücken die Wände des Haupttempels, ein paar hundert Meter entfernt befindet sich der schöne Pagodenwald. Die Stupas wurden zur Erinnerung an die Äbte, die das Kloster im Laufe der Jahrhunderte leiteten, errichtet.

Den nächsten Tag verbringe ich ohne Programm in Luoyang. Ich schlafe lange, frühstücke den halben Morgen und schlendere durch die Altstadt. Marktstände reihen sich in den Straßen, Schuster und Schneider sitzen auf dem Bürgersteig und gehen ihrem Handwerk nach. Am Bahnhof stehe ich in einer langen Schlange, um eine Fahrkarte nach Chongqing zu besorgen. Ich stehe wieder falsch und dränge mich in der Nachbarreihe wie ein echter Chinese vor. Da ich niemanden auftreibe, der mir die Fahrkarte besorgt, zahle ich den Touristenpreis von 54 Yuan. Ich will noch etwas fragen, als die Beamtin das Fensterchen vor meiner Nase zuknallt und den Vorhang zuzieht. Die vielen Menschen hinter mir gucken in die Röhre.

Am Jangtse, dem längsten Fluss Chinas

Die Dreischluchtenfahrt von Chongqing nach Wuhan

Der Zug fährt am Sonntag um 20 Uhr in Luoyang ab, schuckelt endlos nach Westen und soll am Dienstag, nach vierzig Stunden auf dem »harten Sitz« Chongqing am Jangtse erreichen. Da er aus Peking kommt, gibt es keine Reservierung. Wider Erwarten finde ich sofort einen Platz. Nicht ein einziges Mal entsteht Gedränge in den Gängen. Am Montagabend hat der Junge neben mir sein Ziel erreicht und steigt aus. Ich habe die Bank für mich allein, wickele mich in meinen Schlafsack und strecke mich aus. Niemand kann sich neben mich setzen. Bei den tagelangen Zugfahrten in China geht es fast schon ums Überleben!

Am Dienstagmorgen fährt der Zug am Jangtse entlang. Zu beiden Seiten des Stroms breitet sich Hügellandschaft aus. Der Jangtsekiang ist mit 6380 Kilometern der längste Fluss Chinas. Er entspringt in etwa 5400 Meter Höhe auf dem Qinghai-Tibet- Plateau in der Provinz Qinghai. Nach dem Nil und dem Amazonas ist er der drittlängste Fluss der Erde.

Im Binguan-Hotel von Chongqing komme ich unter. Ich mache mich sofort auf den Weg, um eine Verlängerung meines Visums zu beantragen. Eine dritte Verlängerung sei nicht möglich, teilt mir die zuständige Frau freundlich mit, das sei das Gesetz. Sie wolle aber ihren Chef fragen, sie händigt mir den Antrag aus. Auf dem Formular bitte ich um dreißig Tage, damit ich die Städte rund um Shanghai besuchen kann. Das Amt gesteht mir vierzehn Tage zu! Immerhin! Erst am 4. Dezember muss ich China verlassen. In China scheinen die Gesetze dehnbar zu sein. Einer Verhandlung steht nie etwas im Wege.

Abends um 20.00 Uhr läuft heißes Duschwasser im Hotel, aber nur für die Herren der Schöpfung! Im Badezimmer für die Damen befinden sich eine Toilette und eine schmutzige Badewanne, in die nur kaltes Wasser fließt. Der Wasserdampf dringt durch die Türritzen aus der Männerabteilung herein. Ich warte, bis sie frei ist, husche hinein und dusche dort, obwohl der Flurservice, eine Frau, zuerst protestiert, aber dann amüsiert lacht.

Durch die älteren Stadtteile Chongqings führen Treppen und Gassen an den niedrigen Häusern vorbei. Ab und zu passiere ich dicke Stadttore und -mauern, und immer wieder gelange ich zu Aussichtspunkten, von denen ich über die grauen Ziegeldächer der Häuser bis zum Jangtse blicke.

In Chongqing am Jangtse

Vergnügt schlendere ich auf den Straßenmärkten an Gemüse- und Obstständen, an Schneidern, Schustern und Garküchen vorbei. In Spanschachteln
gedünstetes Fleisch mit Kürbisstückchen, scharf gewürzt mit Pfeffer und
Chili, ist eine Spezialität der Stadt. Schlangen – oder sind es Blindschleichen? – werden der Länge nach aufgeschlitzt. Das Blut fließt in ein Gefäß
und mir wird fast schlecht. Die Chinesen werden es frisch oder mit Schnaps
vermischt trinken.

Der Schlangenverkäufer nimmt die Schlange aus und stückelt das Fleisch,
das man gart oder brät, auch mit anderen Fleischsorten vermischt. Schlangen-
suppe gibt es seit Jahrhunderten. Alle Innereien der Schlange werden genutzt,
Wein wird zum Beispiel mit Schlangengalle versetzt.

In einigen Restaurants befindet sich eine Feuerstelle inmitten der
Tischplatte: In einer Eisenschale sprudelt eine Suppe und die Leute garen
Leberstückchen und Gemüse – ein chinesisches Fondue! Das Fleisch sieht
wenig appetitlich aus. Ich probiere lieber das Gemüse, tunke Blumenkohl,
Bambussprossen, Knoblauch, Chinakohl und Tofu in die Suppe, warte bis
die Stückchen weich, aber noch knusprig sind, und esse sie auf. Dazu gibt
es eine Schüssel Reis und gedünstetes, weiches Brot, einem Brötchen nicht
unähnlich. Anschließend wandere ich weiter durch die Straßen, ohne müde

zu werden. Im palastartigen Renmin-Hotel kaufe ich mir eine Fahrkarte für die Dreischluchtenfahrt auf dem Jangtse. Die dreitägige Schiffsreise in der vierten Klasse kostet 27,70 Yuan.

Um 6.00 Uhr am nächsten Morgen laufe ich im Nieselregen zur Bushaltestelle, um mit dem Bus zur Anlegestelle zu fahren. Schon früh bin ich am Jangtse. Obwohl es noch dunkel ist, sind schon ein paar Essstände aufgebaut und Frühaufsteher wie ich können sich stärken. Eine lange Treppe führt auf das komfortable Schiff hinunter. Fünf doppelstöckige Betten stehen in einer geräumigen Kabine. Waschraum und Toiletten sind sauber. Es gibt heiße Duschen und gutes Essen.

Zwei Amerikaner, einer mit japanischen Wurzeln, der andere mit chinesischen, teilen mit mir die Kabine. Die beiden studieren Chinesisch in Peking. Ein amerikanisches Ehepaar ist an Bord, ansonsten nur chinesische Passagiere auf dem Weg nach Wuhan. Ungefähr fünfhundert Menschen verteilen sich auf drei Decks.

Wir tuckern durch eine Gebirgslandschaft. Ab und zu tauchen Industrieorte auf, die aus drei- und vierstöckigen Häusern bestehen. Dörfer liegen am Fluss vor hohen Berghängen, manchmal einsame Häuser, die nur durch die braunen Fluten des Jangtse mit dem Rest der Welt verbunden zu sein scheinen. Am Nachmittag strömen alle Mitfahrenden an die Reling, um eine große, hölzerne Pagode vor einem hohen Felsen am linken Flussufer anzuschauen. Das Licht ist diesig. Der Dampfer navigiert durch Felsenkanäle, Bojen dienen als Wegweiser. Abends legen wir in einem Ort an, um erst am nächsten Morgen um 3.00 Uhr weiterzufahren.

Bei unserer Ankunft dämmert es. Eine breite, lange Treppe führt steil in die Stadt hoch. Händler und Neugierige bevölkern die Stufen. Für die Einwohner hat die große Geschäftsstunde geschlagen: Sie preisen Strohmatten, Korbstühle und Mandarinen an. Berry und Victor, meine amerikanischen Mitreisenden, erhandeln Strohmatten. Victor kehrt auf das Schiff zurück und Berry und ich schlendern durch die Straßen der ausgedehnten Stadt. Wir gucken in die Läden. Die Mandarinen in den staatlich geführten Geschäften sind billiger, dafür aber klein und unansehnlich. Das, was die Leute privat verkaufen, ist gut. Fast jeder Passagier kehrt mit Mandarinen aufs Schiff zurück. Einige schleppen volle Körbe und Säcke aufs Deck.

Am Freitagmorgen erscheint eine rote Sonne hinter einer schwarzen Wolkenwand. Für kurze Zeit ist die Luft klar. Als wir in die erste der drei Schluchten einfahren, ist der Himmel wieder zugezogen. Das Flussbett hat sich verengt.

Die Dreischluchtenfahrt auf dem Jangtse

Gebirgszüge türmen sich hintereinander auf. Felsen krönen Steilhänge, himmelshohe Klippen rahmen den Strom ein. Einhundertzwanzig Meilen liegen zwischen dem Riesensteintor der ersten Schlucht und der Zentralebene Chinas. Jede der drei Schluchten ist gut fünfzehn Meilen lang. Am frühen Nachmittag durchfahren wir die letzte Schlucht und erreichen am Spätnachmittag den großen Damm am Jangtse. Wir werden eine fünfzehn Meter hohe Stufe hinuntergeschleust.

In der Nacht von Freitag auf Samstag fahren wir durch. Der Jangtse ist jetzt ein breiter Strom. Er mäandert in großen Schleifen durch die Ebene. Ein Schwarm Möwen folgt dem Schiff. Sandinseln ragen aus dem Fluss. Tagsüber gibt es nicht viel zu sehen und die Leute faulenzen auf den Betten. Nach Anbruch der Dunkelheit tauchen die Lichter Wuhans auf. Fünf Ausländer und ich mieten ein dreirädriges Sammeltaxi. Wir fahren zum Hsuan-Gong-Hotel. Nachdem wir eingecheckt haben, machen wir unseren ersten Gang durch die belebten, baumbestandenen Straßen Wuhans.

Wuhan, die Hauptstadt der Provinz Hubei, besteht aus drei Teilen, die einst Städte für sich bildeten: Wuchang, Hanyang und Hankou. Am Ost-See von Wuchang, dem ältesten Stadtteil, befindet sich das Provinzmuseum mit 2200 – 2400 Jahre alten Ausgrabungen der Umgebung. Ich bin begeistert von den feinen Lackwaren: Dosen und Kästen glänzen, auf einem kleinen und großen Sarg sind kunstvoll ineinander verschlungene Tierfiguren und Menschen dargestellt. Solche Lackwaren stellt man heute noch in Burma her. Ein riesiges Glockenspiel besteht aus bronzenen Hohlkörpern verschiedener Größe, die an lackierten Holzbalken hängen. Es ist über Eck gebaut. Ich betrachte die lackierten Flöten und Saiteninstrumente und vasenförmige, hohe Gefäße. Eine Erklärung gibt es nur auf Chinesisch, der Ausländer, der des Chinesischen nicht mächtig ist, steht vor einem Rätsel.

Im Museumsshop stehen gute Imitationen der Lackwaren zum Verkauf, sind aber horrende teuer. Im Antiquitätengeschäft nebenan gibt es einhundert bis zweihundert Jahre alte Gegenstände wie Riechfläschchen, Porzellan, Anhänger und Schmuck aus Jade und Achat. Geschnitztes Elfenbein, alte Feuerzeuge und Pfeifen begeistern jeden Antiquitätenliebhaber. Ich gucke mich lange um. Die Verkäuferin lädt mich zu einer Tasse Tee ein, als ich vor der Tür stehe, des starken Regens wegen aber noch nicht gehen mag. Mit dem Bus fahre ich ins Geschäftszentrum und besorge mir ein Schiffsticket für die zweitägige Fahrt nach Nanjing für acht Yuan in der fünften Klasse.

Vom Hotel aus laufe ich am nächsten Morgen zur Anlegestelle. Am Kai liegt ein großes Schiff, das eintausend Passagiere oder mehr fasst. Ich bin erstaunt, als ich für mein billiges Ticket eine Kabinen- und Bettennummer bekomme. Sechs doppelstöckige Betten stehen in der Kajüte, bequemer kann es nicht sein.

Durch China müsste man immer mit dem Schiff fahren können! Zwei faule, geruhsame Tage verbringe ich auf seinen sanft schwankenden Planken und erhole mich ein wenig von den Strapazen der vielen, vielen Nachtreisen per Zug. In den feucht-kalten Wind mag ich meine Nase kaum stecken. Am Abend steigen viele Leute zu und breiten sich in den Gängen aus, weil die Betten belegt sind. Am Dienstagnachmittag scheint die Sonne und der goldene Abendhimmel spiegelt sich in den braunen Fluten des Stroms.

Gegen 19.00 Uhr erreichen wir Nanjing. Ein Angestellter holt mich aus der Kabine und setzt mich ins Büro. So muss ich nicht in der Menschenmenge stehen, die zum Ausgang drängt. Als Gast des Landes habe ich den Vortritt und werde als Erste von Bord gelassen! Auch im Schiffsrestaurant genoss ich eine bevorzugte Behandlung. Der Kellner bat mich aus der Schlange und servierte mir meine Mahlzeit. Einmal ließ ich es geschehen, dann stellte ich mich an wie alle anderen.

Die zweistöckige, 6772 Meter lange Auto- und Eisenbahnbrücke über den Jangtse ist der Stolz Nanjings und der Nation, denn sie wurde ohne ausländische Hilfe in den Jahren 1960 – 68 erbaut.

Nanjing, die »südliche Hauptstadt«, liegt am unteren Lauf des Jangtses und ist die Stadt Sun Yat-sens (1866 – 1925), des ersten Präsidenten der provisorischen Regierung, die 1912 in Nanjing gebildet wurde und den letzten Kaiser von China, den sechsjährigen Kaiser Puyi, zum Rücktritt zwang. Zeit seines Lebens hielt Sun Yat-sen den Geist der Revolution aufrecht und agierte bereits in jungen Jahren gegen das Kaisertum. Als der Kantoner Aufstand von 1895 misslang, musste er fliehen und ging für viele Jahre ins Exil. Er lebte in den USA, in Europa und in Kanada. Während seines zehnjährigen Aufenthalts in Japan suchte er finanzielle Unterstützung für seine Ideen, man wählte ihn zum Führer der Dissidenten Chinas.

Am 10. Oktober 1911 brachte ein Militärputsch in Wuchang – ohne Beteiligung Sun Yat-sens – die Wende in der langen Geschichte des imperialen China. Die Kaiserzeit war ein für alle Mal vorbei. Die Söhne des Himmels verloren ihr Mandat und erlangten es nie wieder. In den Augen der Bevölkerung hatte der Himmel dem letzten Qing-Kaiser seine Gunst entzogen, denn im Jahr 1911 war der Jangtse über seine Ufer getreten, 100 000 Menschen ertranken. Die Überlebenden lasteten dem Kaiser die Naturkatastrophe an, denn als Vermittler zwischen Himmel und Erde war er gescheitert.

Sun Yat-sen kehrte sofort aus dem Exil zurück nach Nanjing, wo man ihn zum ersten Präsidenten der neugeborenen Republik wählte. Mit der Gründung eines modernen Staates begann ein Gezerre vieler politischer Gruppen um die Macht. Das Reich der Mitte versank für Jahrzehnte im Chaos, bis Mao Zedong, der Führer der Kommunisten, sein Herrschaftsgebiet ausbaute, siegte und 1949 die Volksrepublik China ausrief.

Sun Yat-sen gründete am 12. August 1912 die Nationale Volkspartei, die Kuomintang. Die Kommunistische Partei etablierte sich 1921. Das Verdienst Sun Yat-sens liegt, wie Historiker meinen, nicht in seinem politischen Einfluss auf das Land – der war ihrer Meinung nach eher unbedeutend – sondern in seinen fortschrittlichen Ideen zur Bildung einer Volksregierung.

Sun Yat-sen proklamierte Frieden, Freiheit und Gleichheit, die Werte einer Demokratie. Er machte sich Gedanken zur Konstitution seines Landes und entwarf Strukturen, in denen soziale Gerechtigkeit und gleiche Chancen für alle herrschen sollten.

Sun Yat-sen, von Beruf Arzt, steht in hohem Ansehen bei den Kommunisten und den Kuomintang. Beide Seiten, die anfangs sogar zusammenarbeiteten, verehren ihn als Wegbereiter eines modernen Staates. Sun Yat-sen wurde zum Mythos. Auf seinen Wunsch hin bestattete man ihn in Nanjing.

Das Mausoleum Sun Yat-sens liegt am Fuße der Purpur- und Goldberge. Durch ein dreibogiges Eingangstor, geschmückt mit der Inschrift »Umfassende Liebe«, gelange ich zum Hauptportal mit der Inschrift »Die Welt gehört allen«, beides sind Zitate aus den Schriften Sun-Yat-sens. Eine überbreite Freitreppe führt in 392 Stufen und acht Sektionen hinauf zum Mausoleum, einem Granitbau.

Das zweistufige Dach ist mit blau glasierten Ziegeln gedeckt und leuchtet in der Sonne. Eine sitzende Statue Sun Yat-sens steht im Vorraum vor schwarzen Marmorwänden, in die man das Manifest des ersten Präsidenten Chinas in goldener Schrift gesetzt hat. Die Worte »Nationalismus, Demokratie und soziale Gerechtigkeit« stehen über dem Eingang. Das Deckenmosaik zeigt die Fahne der Kuomintang, einen weißen Stern auf blauem Grund.

Die pompöse Anlage entspricht dem Stil einer kaiserlichen Grabstätte. Sie scheint mir gewaltiger als das Grab des ersten Ming-Kaisers in der Nähe zu sein. Dort wölbt sich ein mächtiger Tumulus über der Grabkammer des Kaisers Taizu, der die Zeit der Mongolenherrschaft beendete und 1368 die Ming-Dynastie ausrief. Seine Grabkammer ist noch nicht gefunden.

Ein halbstündiger Gang bringt mich zur 1929 errichteten Ling-Gu-Pagode, einer Gedenkstätte in der Nähe eines alten Klosters. Im Tempel verrichten Chinesen ihre religiösen Rituale und stecken Räucherstäbchen an. Zum ersten Mal sehe ich andächtige Menschen in China. Wunderschön ist der Spaziergang durch den Herbstwald.

Am Morgen scheint die Sonne, nachmittags zieht der Himmel zu. Die Luft wird kälter und kälter. Auf dem Weg zum Xuanwu-See gehe ich an der hohen, aus der Ming-Zeit stammenden Stadtmauer Nanjings entlang. Im See liegen vier durch Dammwege verbundene Inseln. Es wird mir zu kalt. Auf einer der Inseln steige ich auf die Fähre, die mich zum Bahnhof bringt. Die Kälte frisst sich durch Mark und Bein und ich flüchte in die Bahnhofshalle.

In den Gärten von Suzhou, Jiangsu

Ich stelle mich in der langen Schlange zum Fahrkartenkauf nach Wuxi an. Nur langsam geht es vorwärts. Die Zeiger der Uhr bewegen sich unaufhaltsam: In fünf Minuten schließt der Schalter. Die Leute drängen aufgeregt, stoßen und schubsen. Ich habe kaum eine Chance, mein Ticket heute noch zu erstehen. Da sieht mich die Beamtin – und winkt mich zu sich. Sie gibt mir die Fahrkarte. So schnell und reibungslos habe ich selten ein Ticket erstanden.

Zurück im Hotel, unterhalte ich mich mit einem kanadischen Paar, das ein Jahr lang Japanisch in Tokio studiert hat. Es spricht in hohen Tönen von einem Land, das bereits auf meiner Reiseliste steht. Wir gehen in ein Teehaus und geben uns Tipps für die Weiterreise durch China. Wir verbringen einen angenehmen Abend. Sie erzählen von ihren Reisen und ich von meinen.

Über Wuxi nach Suzhou, der Stadt der alten Gärten

Die Sonne ist aufgegangen. Um 8.25 Uhr läuft der Zug aus Harbin ein. Wie wild stürzen sich die Leute auf die Waggons und zwängen sich durch die Türen. Ein Chinese neben mir lacht mich an: Er hat zwei Plätze organisiert, einen für sich und einen für mich! Er hilft mir, einer Fremden, durch das Menschengewühl in den Gängen.

Als wir in Wuxi ankommen, regnet es und hört nicht wieder auf. Das Wuxi-Hotel in der Stadt ist belegt. Blitzschnell beschließe ich, weiter nach Suzhou zu fahren, einer von Kanälen durchzogenen Stadt wie Wuxi. Die Zeit drängt. Mein Visum läuft aus. Vom Bus aus sehe ich mir die weiß getünchten Häuser an, die die Straßen säumen, und komme an den Eingängen der Gartenanlagen vorbei. Neben mir sitzt ein freundlicher Chinese, der mir vorsorglich einen Stadtplan von Suzhou schenkt.

Das Suzhou-Hotel besteht aus zwei großen Gebäuden in einem Park. Angeblich ist der Schlafsaal voll. Bis auf die teuersten Zimmer sei alles ausgebucht. Ich setze mich in einen weichen Sessel und warte auf ein preiswerteres Angebot. Ein Neuseeländer und ein Australier tauchen auf und erhalten dieselbe Auskunft: Alles belegt! Die beiden stellen ihr Gepäck ab und gehen in die Stadt. Mir ist es draußen zu nass! Bei solch einem Wetter jagt man – wie es im Deutschen heißt – keinen Hund vor die Tür. Ein weiterer Ausländer trifft ein und wir kommen sofort ins Gespräch. Er heißt Dick und kommt aus England. Er stellt seinen Rucksack ab und gemeinsam wollen wir zu Abend

essen. Die Äste der Bäume überspannen die schmalen Straßen, das Laternen-
licht scheint durch die nassen Blätter. Nach einer halben Stunde Fußmarsch
finden wir ein paar Nudelshops; die Restaurants sind bereits geschlossen. In
Suzhou werden die Bürgersteige früh hochgeklappt. Wir laufen zum Hotel
zurück, biegen zu früh ab und gelangen in schmale, mit niedrigen Häusern
gesäumte Gassen. Eine alte Brücke führt über einen Kanal, in der Nähe liegt
das Hotel.

Im Foyer warten wir zu viert auf ein erschwingliches Bett im Schlafsaal,
der sich gegenüber der Rezeption befindet. Acht Betten sind dort frei, der
Australier hat nachgesehen! Gegen 22.00 Uhr diskutieren wir erneut mit der
Hotelangestellten, sie behauptet, der Schlafsaal sei voll. Wir haben alle vier
nichts dagegen, in der Lobby zu übernachten. Schließlich richten die Angestellten vier Betten in einem Versammlungsraum neben dem Schlafsaal her.
Jeder zahlt fünf Yuan, diese Runde haben wir gewonnen.

Am nächsten Morgen wandern Dick und ich durch den nicht enden wollenden Regen. Suzhou gilt als das Venedig des Ostens. 514 v. Chr. wurde der
Grundstein gelegt. Zwölf Meilen entfernt liegt der See Tai Ho am alten kaiserlichen Kanal, dem Beijing-Hangzhou-Grand-Canal. Er ist der drittgrößte
Binnensee in China. Im fünften Jahrhundert v. Chr. bauten die Chinesen die
ersten Sektionen des heute 1770 Kilometer langen Kanals. Seit dem 14. Jahrhundert gilt Suzhou als Zentrum der Seidenproduktion. Die Häuser sind weiß
getüncht, die Straßen gesäumt von Laubbäumen mit gefleckten Stämmen.
Ein chinesisches Sprichwort besagt: »Der Himmel ist ein Paradies und die
Gartenstädte Suzhou und Hangzhou sind das Paradies auf Erden.«

Bei dem anhaltendem Regen fahren wir nicht zum See hinaus, sondern
bleiben in der Stadt. Wir besuchen einige der 150 Gärten: Seen breiten sich
aus, Brücken überspannen Kanäle und Bäche, Korridore verbinden Pavillons,
künstlich aufgebaute Felsformationen bilden Höhleneingänge. Besonders die
Holzpavillons mit ihren wunderbar geschnitzten, durchbrochenen Fenstergit-
tern und Rahmen gefallen mir. In den Pavillons begucken wir uns die alten,
kunstvoll geschnitzten Holzmöbel und die Malereien an den Wänden. Feines
Porzellan steht auf den Tischen, bemalte Tassen, Teller und Teekannen. Einige Gärten entstanden schon im 12. Jahrhundert. Sogar bei dem schlechten
Wetter sind sie besuchenswert!

Die Silhouette der Stadt verschwimmt im Regen. Triefend vor Nässe
kehren wir zurück zum »gastfreundlichen« Hotel. Der Neuseeländer und
der Australier haben das Nachtboot nach Hangzhou genommen, für Dick

und mich spielt sich das gleiche Theater wie am Vorabend ab. Nach langen Diskussionen ziehen wir wieder in den Versammlungsraum. Die Betten sind schon aufgebaut.

Der Regen hat auch am nächsten Morgen noch nicht aufgehört. Dick macht sich auf den Weg nach Hangzhou und ich nehme statt eines Abendzugs einen Morgenzug nach Shanghai. Im Pujian-Hotel gegenüber dem Shanghai-Mansion-Hotel bekomme ich ohne Preiskampf ein Bett im Schlafsaal.

Shanghai, das Tor zur Welt

Shanghai – das Tor zur Welt, die Perle des Orients, das Paris des Ostens! Im 19. Jahrhundert ließen sich Briten, Franzosen, Amerikaner und Japaner in der Handels- und Hafenstadt nieder, um ihre Geschäfte zu tätigen. Die berühmteste Straße Shanghais ist die Zhongshan Road, ein Boulevard am Huangpu-Fluss, vor 1949 »Bund« genannt. Alte Gebäude in europäischem Stil, früher Sitz von internationalen Banken und Handelsgesellschaften, flankieren den »Bund«. Der Huangpu mündet 30 Kilometer weiter in das Jangtse-Delta. Er ist bis zu 600 Meter breit und ein Teil des größten Hafens der Welt. Vom Ozeandampfer bis zur kleinen Sampan sind alle Boot- und Schiffstypen vertreten.

Auf halbem Weg den Boulevard hinunter liegt das Peace-Hotel mit spitzem, grünem Dach. Hier zweigt die Nanjing Road ab, die Hauptgeschäftsstraße Shanghais. Diese Straße hat das Flair einer Großstadt und ist die westlichste in China. Ich spaziere an Schaufensterauslagen vorbei und mir fällt das reichhaltige Warenangebot auf, modische Kleidung, Kameras, Uhren und Schmuck.

Regenschauer und Wind bestimmen den Tag. Ich schlendere durch die engen Gassen der Altstadt. Die alten Häuser bestehen aus Steinmauern, auf die man weinrote Holzwände gesetzt hat. Sie wirken anheimelnd und gemütlich. Ein bekanntes Teehaus, ein Holzpavillon, scheint über einem See zu schweben. Eine Zickzackbrücke führt hinüber. Ich setze mich in den ersten Stock und bestelle Tee. Die Holztischchen sind mit Marmorplatten gedeckt. In dunkelbraunen Tonkannen und Tontöpfchen serviert die Kellnerin den chinesischen grünen Tee. Ein älteres chinesisches Paar gesellt sich zu mir und wir unterhalten uns. Ein Chinese aus Hongkong setzt sich auch noch mit an den Tisch. Wir plaudern eine Weile, wie sich das für solch ein gemütliches Teehaus geziemt.

Der Bund von Shanghai

Geschützt vor dem schäbigen Wetter lassen wir geruhsam die Zeit verstreichen. Nebenan liegt der Yu-Yuan-Garten mit dem Tempel der Stadtgötter. Dieser Park soll die größte Attraktion Shanghais sein, ist aber wegen Reparaturarbeiten für einen Monat gesperrt. Das bedauere ich. Mit dem Hongkong-Chinesen laufe ich zum Lu Xun Memorial Park. Der Schriftsteller Lu Xun starb 1936, er war für die kommunistische Idee eingetreten. Lu Xun übersetzte Gogols Roman »Die toten Seelen«, verfasste Kurzgeschichten und Essays und schrieb gegen den Imperialismus und die Traditionen des Konfuzianismus, die Denken und Verhalten der chinesischen Menschen seit Jahrhunderten bestimmten. Eine Statue zeigt den Schriftsteller vor seinem Grab. Weder der Park noch das Grab sind etwas Besonderes. Ich fahre zurück ins ungemütliche, kühle Hotel.

Am nächsten Morgen pfeift ein kalter Nordostwind durch die Straßen. Am besten lege ich mich nach dem Frühstück wieder ins Bett. Ich krieche unter die Decke und genieße das Nichtstun. Mittags schlendere ich durch die lange Nanjing Road und biege ab zum Jade-Buddha-Tempel. Der Tempel enthält wiederum schöne Holzarbeiten und vergoldete Buddha-Statuen. Ein Mönch brachte im 19. Jahrhundert aus Burma einen sitzenden und einen liegenden Buddha aus Jade mit, Kostbarkeiten, die er dem Kloster schenkte. Der sitzende Buddha ist fast zwei Meter groß, der liegende beinahe einen Meter lang. Glänzende Wächterfiguren bewachen den Tempel unter einem kunstvollen bekrönten Dachfirst.

Der »Bund« liegt jetzt in strahlendem Sonnenschein. Kein Wölkchen trübt den Himmel. Ich laufe noch einmal die historische Straße entlang, dann durch die Altstadt und zum Museum der Kunstgeschichte. Auf drei Etagen sind Malereien, Bronzegegenstände und Porzellan ausgestellt, Messingschlösser, silberne Tabakdosen, Räuchergefäße, Haarnadeln, Riechfläschchen, Essstäbchen aus Silber und Elfenbein, alte mit Blumen und Paradiesvögeln bemalte Vasen, Teekannen und Kristallgläser.

Nach dem Museumsbesuch kehre ich zurück zum »Bund«. Das Peace Hotel dort wurde 1929 im Jugendstil errichtet und dort trinke ich den besten Kaffee Chinas.

In einer Straße zum Jade-Buddha-Tempel entdecke ich am nächsten Tag ein Kaffeehaus, das Sahnekuchen anbietet, Windbeutel mit Sahne und Sahne pur. Wo hätte es in China jemals Sahne gegeben? So steckt Shanghai voller Überraschungen und duftet bis heute nach der großen, weiten Welt. – Ich beschließe, meine Chinareise in Hangzhou am verträumten Westsee zu beenden.

Hangzhou und der Westsee

Die Fahrt nach Hangzhou ist ein Katzensprung, sie dauert nur drei Stunden! Bus Nummer sieben soll mich zum Hangzhou Hotel am See bringen. Im Schritttempo holpert er am Ufer entlang. Viele Menschen drängen sich im Gang und versperren die Sicht. Ich weiß nicht, wo ich aussteigen muss. Beim Kauf des Tickets hatte ich der Schaffnerin mein Ziel angegeben: Hangzhou-Hotel. Leider gibt sie mir keinen Wink. Wir verlassen den See und rumpeln durch den Wald, bis der Busfahrer schließlich dreht. Die Schaffnerin lässt mich auch auf dem Rückweg sitzen; schon wieder bin ich zu weit gefahren. Ich steige um in einen anderen Bus, und diesmal setzt der Busfahrer mich direkt vor dem Hotel ab.

Die Landschaft ist paradiesisch und die tiefe Ruhe zu jeder Tageszeit und bei jedem Wetter beglückend! Diese besondere Stimmung, die der Westsee verströmt, hat ihn berühmt gemacht. Seine Oberfläche ist spiegelglatt. Zwei nach Dichtern benannte Dämme, der Bai-Causeway im Norden und der Su-

Causeway im Westen, durchziehen das flache Wasser und teilen den See in drei Abschnitte. Inselchen ragen dunkel auf. Bewaldete Berge liegen ringsum, nach Osten hin liegt die Stadt. Pavillons mit geschwungenen Dächern stehen zwischen alten Bäumen, Trauerweiden wachsen auf den Dämmen und durch die herabhängenden Gerten schimmert der See.

Schon in der Song-Dynastie (960 – 1279) sprach man von zehn malerischen Plätzen am Westsee und gab ihnen Namen: Frühlingsdämmerung auf dem Su-Damm, Die in den Weiden singende Grasmücke, Fische im Blumenteich, Lotos in der Brise, Abendläuten am Nanping-Hügel, Herbstmond über dem ruhigen See, Pagode im Abendglühen, Schmelzender Schnee auf der durchbrochenen Brücke, Doppelgipfel, die die Wolken durchbohren und Drei Becken spiegeln den Mond. Letzt genannter Ort ist mein Ziel: Neben zwei klitzekleinen Inseln liegt die ein wenig größere Paradiesinsel. Drei kleine Steinpagoden ragen aus dem Wasser. Eine hohle, mit drei Fenstern durchbrochene Kugel bildet den unteren Teil jeder Pagode. Beim Mond-Fest im Herbst stellt man eine brennende Kerze in jede Pagode. Die sich im Wasser spiegelnden Flammen sollen Mondsicheln ähneln. Über eine Zickzackbrücke gelange ich zu dieser Stelle. Zu gerne hätte ich dieses Phänomen gesehen!

Über den Su-Causeway wandere ich zurück und nehme den Bus zum buddhistischen Lingyin-Tempel. Das »Kloster der Seelenzuflucht«, wurde vor 1600 Jahren gegründet. Man restaurierte die Anlage wiederholt. In der ersten Halle sitzt ein dickbauchiger, lachender Buddha, in der zweiten erhebt sich die Statue des historischen Buddhas neunzehn Meter. Er sitzt in einer Lotusblüte und meditiert. Gegenüber erhebt sich ein felsiger Hügel, der mit natürlichen Höhlen durchsetzt ist. Er trägt den klangvollen Namen: »Der Berg, der hierher flog«.

Der indische Mönch Huili, der im Jahr 326 in Hangzhou das erste buddhistische Kloster gründete, taufte ihn so, weil die Form ihn an einen Berg seiner Heimat erinnerte. Vom 10. – 13. Jahrhundert schlug man unzählige Buddha-Statuen aus dem Gestein. Der lachende Buddha mit dem dicken Bauch ist die auffälligste Figur hier draußen in der Natur. Er, ein Genießer, strahlt Wohlbehagen und Lebensfreude aus. Ich wandere zurück zum Hotel. Nach den vielen kalten und regnerischen Tagen scheint die Sonne und erhellt die idyllische Landschaft und das Gemüt. Ein schöner Abschluss meiner Chinareise. Sogar das Hotel ist gemütlich.

Am nächsten Morgen laufe ich über den Bai-Causeway zur siebenstöckigen Pagode Bao Shu. Sie ist das Wahrzeichen Hangzhous und steht auf einem

Der Westsee, Hangzhou, Zhejiang

Bergrücken inmitten eines Bambushains. Wie eine spitze Nadel bohrt sie sich in den Himmel. 1933 wurde sie nach altem Modell wieder aufgebaut. Von oben blicke ich auf den See, der im sonnendurchfluteten Dunst verschwimmt, und auf die freundliche Stadt Hangzhou.

In der Nähe der Flussbrücke ragt die Qiantang-Pagode in einem roten Holzkleid sechzig Meter in den Himmel, im Inneren glänzen bunt bemalte Decken. Im Jahr 970 wurde sie gegründet, um Hangzhou vor der alljährlich im Herbst auftretenden Springflut zu schützen. Immer wenn sie zerfiel, baute man sie neu auf. Auf einer Wendeltreppe steige ich zur Spitze hoch und gucke auf das Flusstreiben in der Tiefe und die bewaldeten, in Herbstfarben leuchtenden Hügel ringsum. Die Abendsonne taucht den See in goldenes Licht. Er schimmert hinter Weiden und anderen Bäumen durch die Blätter und Zweige.

Mit dem Zug fahre ich am nächsten Tag nach Shanghai zurück und nehme nachmittags das Schiff zurück nach Hongkong.

Ausklang der ersten Chinareise

Müde und zerschlagen von den Strapazen der Chinareise komme ich in Hongkong an. Die dreitägige Schiffsreise von Shanghai hierher hat keine Erholung gebracht. Die wochenlang anhaltende Spannung und Faszination, die mich Tausende Kilometer durch das Reich der Mitte getrieben haben, sind plötzlich verflogen. Die Luft ist raus, blitzartig, als wenn jemand in einen stark aufgeblasenen Luftballon gestochen hätte. »Du siehst aus wie Apfelmus und Spucke«, sagte John, ein Amerikaner, der in derselben Herberge wohnt. Kein Wunder, nach den vielen und langen Zugfahrten auf dem »harten Sitz« in der dritten Klasse.

In Hongkong herrscht das übliche Durcheinander in den Straßen. Der Verkehr rauscht, die Menschen schieben und drängen, Glitter und Flitter schillern in den Auslagen. Die Hongkong-Chinesen sind – im Gegensatz zu ihren Nachbarn im Mutterland – wie aus dem Ei gepellt gekleidet und einige Damen wirken puppenhaft verspielt.

Ich wohne in einem fast menschenunwürdigen Rattenstall, dem IYAC, sechster Stock, Lockroad 21 a, Kowloon. Die Rucksackreisenden drängen sich in den Schlafräumen. Dicht an dicht stehen die zweistöckigen Eisenbetten. Ich weiß kaum, wo ich meinen Rucksack lassen soll, so eng sind die Gänge.

Aus dem Fenster dieser Absteige gucke ich auf Reklameschilder, unter denen sich eine glitzernde Scheinwelt ausbreitet, bunt und grell. Darüber erheben sich die grauen Fassaden der Hochhäuser mit vergitterten Fenstern und vor Schmutz blinden Scheiben. Weihnachtsreklame leuchtet allerorten: »Merry Christmas«, »Happy New Year«, obwohl die Chinesen den Sinn von Weihnachten nicht kennen. Der Lärm, die schlechte Luft, die vollen Straßen, die Reizüberflutung, alles nervt mich. Ich beschließe, mich auf den Philippinen ein paar Wochen zu erholen. Ich buche für Sonntag, den 12. Dezember einen Flug nach Manila, um an den Stränden der Insel Mindoro zu träumen und wieder aufnahmefähig zu werden.

In der Herberge trifft Jorge, ein Spanier, ein. Er kommt gerade aus China zurück und erzählt uns seine unglaubliche Geschichte: Es ist ihm gelungen, ohne Permit von Ürümqi, der Hauptstadt der Provinz Xinjiang im fernen Nordwesten Chinas, nach Kashgar, der Oasenstadt am Fuße des Pamir, zu reisen. Er hat die große Taklamakan-Wüste auf der Nordseite umrundet. Fünf

Tage habe die Reise im Bus gedauert. Verkleidet wie ein Uigure, konnte er alle Kontrollen umgehen und wurde erst am zweiten Tag seines Aufenthalts in Kashgar von der Polizei geschnappt. Was konnte die schon machen? Sie nahm ihm den Pass ab und setzte ihn in den nächsten Bus zurück nach Ürümqi.

Ich staune mit kugelrunden Augen und höre gespannt dem nüchternen Bericht dieses sympathischen jungen Mannes zu. Im November herrschten minus zwanzig Grad Celsius in Ürümqi. Er habe nur eine dünne Hose dabei gehabt, erzählt er. Er habe sich das Permit für einen ähnlich klingenden Ort geben lassen und der Polizei weisgemacht, er habe geglaubt, ein Permit für Kashgar zu haben. »Die Straßen waren schlecht, die Busse überfüllt. In den Unterkünften gab es teilweise kein Licht und kein Wasser!« Gern hätte er sich nach Lhasa, Tibets Hauptstadt, durchgeschlagen, aber für die lange Fahrt habe die Zeit gefehlt und jetzt sei es außerdem zu kalt.

Jorge fliegt am Sonntag auch auf die Philippinen, aber nicht, um sich zu erholen, sondern um dort zu arbeiten. Er sei pleite, sagt er.

Auf dem Markt in Hongkong

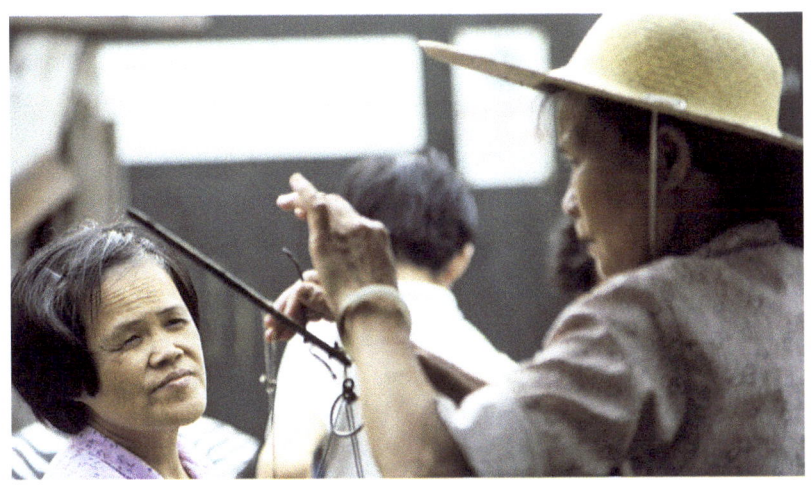

Wiegt sie auch richtig ab? Hongkong

Hongkong, Auftakt zur zweiten Chinareise

Zwei Jahre später fliege ich im Herbst 1984 von Deutschland nach Hongkong, um China erneut zu bereisen. Ich ahne nicht, dass ein Tibet-Besuch in
eigener Regie möglich sein wird.

In wenigen Flugstunden hat mich ein Jumbojet hineinkatapultiert in die für
Europäer fremdländische Welt. Ich genieße den Nachtmarkt von Kowloon
und schlendere vorbei an Garküchen, Spielhöllen und Wahrsagern, die aus
der Hand lesen. In der hintersten Ecke beglücken ein paar Sängerinnen und
Sänger mit ihren hohen, »quietschenden Melodien« das Volk. Frösche und
Schlangen werden in Käfigen gehalten und vielleicht heute noch geschlach-
tet, um verspeist zu werden. Die Chinesen lieben alles, was wabbelig und
schwabbelig und vor allen Dingen, was fettig ist. Muscheln und Austern
schwimmen in Tunken und wirken wenig appetitlich. Bevor der Kunde etwas
trinkt, spült er selbst das Glas mit dem heißen, sehr wässrigen Tee aus, der zu
jeder Mahlzeit serviert wird. Hygienisch ist das nicht. Wer empfindlich ist,
bringt sein eigenes Glas mit.

Am nächsten Tag hole ich Andrea vom Flughafen ab. Gemeinsam möchten wir durch China reisen, Andrea zum ersten Mal. Wir hatten uns 1981 in Indien kennengelernt und verbrachten drei Reisemonate zusammen in der größten Demokratie der Welt. In Nepal probierten wir das Wandern aus und machten zwei Trekkingtouren durch den Himalaja.

Mit der »Star Ferry«, der Fähre, tuckern wir hinüber nach Hongkong Central und schlendern durch die engen Marktgässchen. Die Zeit vergeht wie im Flug. Kurz vor Sonnenuntergang fahren wir mit der Zahnradbahn zum Victoria Peak hinauf. Zum Aussichtspunkt müssen wir ein Stück laufen. Der warme Wind fegt dunkle Wolken heran, es dämmert schon. Eine üppige, tropische Vegetation säumt den Weg zum Gipfel und der Wind verschafft uns beim Laufen ein wenig Kühlung. Wir erreichen ein Wiesenplateau, es sind kaum noch Leute unterwegs. Die zunehmende Schwärze der Nacht und die Wolkenballen im Osten bewirken eine düstere und eindrucksvolle Stimmung. Im Westen leuchtet ein Fleck Abendrot, die Insel Lamma zeichnet sich bizarr und gezackt tief unter uns in den dunklen Wellen ab. Auf den Inseln nah und fern und auf dem Festland gehen die ersten Lichter an. Im Peak Tower genehmigen wir uns in der Café-Lounge ein Abendessen und genießen den berühmten Blick auf Hongkong bei Nacht: Die Wolkenkratzer und Straßen, die Inseln und der Hafen erstrahlen im Lichterglanz.

Am nächsten Tag besuchen wir Aberdeen, die schwimmende Stadt. Die Bucht ist kleiner als vor zwei Jahren. Man kippt Sand und Steine in die Wellen und eines Tages wird sie nicht mehr bestehen. Die Dschunken-Bewohner ziehen dann in die Wohnsilos, die man errichten wird. Auf den Schiffswerften bauen die Bootsbauer immer noch die rundbauchigen Holzdschunken.

Im Travellers Hostel in der Nathan Road holen wir am Abend unser Visum ab. Es kostet 80 Hongkong-Dollar und ist bis zum 20. September ausgestellt, es gilt für vierzehn Tage. Eine Verlängerung des Visums soll schwierig sein, besagt eines der kursierenden Gerüchte. Wann hätte es über China keine Gerüchte gegeben? Der eine sagt dies, der andere das. Wir warten ab!

Die Reise von Kanton über Guilin nach Chengdu

Wir nehmen einen Zug nach Lo Wu zur Grenze und passieren problemlos den Zoll. Der Weg ins Riesenreich ist ausgeschildert. Man kann sich kaum verlaufen: »To China!« Jenseits der Stacheldrahtrollen betreten wir die düstere und überfüllte Bahnhofshalle und kaufen für sieben Yuan Fahrkarten für die Zugfahrt nach Kanton. (1 Yuan = 0.41 Euro, 1 US$ = 2.43 Yuan). Wir steigen in den Zug und sitzen bequem auf einem »weichen Sitz« in der ersten Klasse. Auf dem Bahnhof in Kanton wechseln wir Geld in einer Wechselstube und erhalten Touristengeld wie vor zwei Jahren.

Kaum in Kanton angekommen, spricht uns ein Mann an: »Change money?« Der Wechselkurs ist gut: Für 100 Yuan Touristengeld gibt es auf dem Schwarzmarkt sage und schreibe 150 Yuan des normalen Geldes.

Auf den Straßen Kantons herrscht reger Verkehr. Neben den unzähligen Radfahrern rollen viele Autos durch die Stadt; aus Japan hat man einige Kleinlieferwagen und Vans eingeführt. Ab und zu knattern Motorradfahrer vorbei, auch das ist neu. Viele Frauen tragen Kleider und Röcke und nicht mehr die ausgebeulten Baumwollhosen. Das Land wirkt befreit, das Leben scheint zwangloser geworden zu sein.

Deng Xiaoping übernahm nach Maos Tod im Jahr 1976 die Führung. Er hatte die Kulturrevolution und den Kampf gegen die sogenannte geistige Verschmutzung verurteilt, die Zerstörung der eigenen Kulturgüter und den Hass auf die geistige Elite Chinas. Seit 1978 modernisierte er das Land. Bereits 1979 richtete er Sonderwirtschaftszonen ein. Ein freies Unternehmertum war dort möglich, es bildeten sich kapitalistische Inseln in einem wirtschaftlich aufstrebenden Land. Im Laufe der Zeit bahnten sich 80 Joint-Ventures an, die Zusammenarbeit mit ausländischen Fabrikanten.

Deng erklärte Shenzen, die Nachbarstadt Hongkongs, 1980 zur Sonderwirtschaftszone. Hier sollte der Kapitalismus erprobt werden. »Lasst den Westwind herein, Reichtum ist ruhmvoll«, lautete einer seiner berühmten Aussprüche. In Shenzen setzte ein Bauboom ohnegleichen ein und die Kleinstadt, ehemals ein Fischerdorf, wuchs innerhalb kurzer Zeit zu einer industriellen Millionenstadt heran. Guangzhou profitiert von der Nähe Shenzens und Hongkongs und gibt sich dem Fortschritt hin. Die Menschen scheinen sich für die Ideologie der kommunistischen Machthaber nicht besonders zu interessieren, sie streben nach wirtschaftlichem Erfolg.

1984 unterzeichnete Deng einen Vertrag, der die Übergabe der britischen

Kronkolonie Hongkong an China 1997 regeln sollte, unter dem Motto: Ein Land und zwei Systeme: Hongkong sollte sich selbst verwalten und sein Wirtschaftssystem beibehalten dürfen. Die chinesischen Bauern durften jetzt wieder Parzellen pachten, die sie nach eigenen Vorstellungen bewirtschaften durften. Die Volkskommunen wurden abgeschafft, die staatlichen Betriebe würden in zwei Jahren privatisiert und eine Jobgarantie, die »eiserne Schüssel Reis«, gäbe es dann nicht mehr. Das Wirtschaftswachstum Chinas war ab 1986 eines der höchsten der Welt.

Wir besorgen uns ein Schiffsticket nach Wuzhou und schlendern durch Marktstraßen und Seitengassen und beobachten das chinesische Treiben. Schlangen, Frösche, Schildkröten, Hühner und fettiges Fleisch, Gemüse und Obst, Textilien und anderen Kram kann man wie vor zwei Jahren an den Ständen kaufen. Wir passieren Garküchen und die üblichen düsteren und schmuddeligen Restaurants. Nach wie vor darf gespuckt werden, Hühnerknochen oder Fischgräten lässt man einfach aus dem Mund auf den Tisch oder die Erde fallen. Die Menschen schmatzen und bekunden damit ihre Zufriedenheit. Es wäre unhöflich, seine Suppe nicht zu schlürfen. Beim Schnäuzen in ein Taschentuch allerdings würde dem Chinesen vor Ekel schlecht.

Wir laufen durch die alten Viertel der Stadt und gucken in die Höfe der Häuser und in die finsteren Gänge der kleinen Wohnungen, die mit Kommode oder Schrank und mit Plastiksesseln ausgestattet sind. Nach Feierabend sitzen die Leute auf Hockern und Stühlen vor ihrem Haus, essen, stricken oder plauschen mit dem Nachbarn. Sie füttern ihre Kleinkinder. Windeln benötigen die Chinesen nicht. Die Knirpse laufen auch im Winter in Hosen herum, die praktischerweise mit einem Schlitz versehen sind, durch die die Reste der verdauten Speisen fallen.

Die älteren Kinder knien vor einem Stuhl und machen ihre Schulaufgaben. Sie mühen sich ab, ein paar der etwa 3500 chinesischen Schriftzeichen zu erlernen, die nötig sind, um einen belletristischen Text zu verstehen. Für literarische Werke, die bis zum 19. Jahrhundert geschrieben wurden, muss der Leser über 5000 Schriftzeichen kennen, um sie lesen zu können. Im Süden Chinas sprechen die Einheimischen Kantonesisch und lernen Mandarin, die chinesische Hochsprache, als erste Fremdsprache.

Am Spätnachmittag verknäulen sich die Verkehrsteilnehmer an den Straßenkreuzungen. Die Hauptstraßen hallen wider vom Hupen der Autos und dem schrillen Geklingel der Radfahrer, die gemächlich ihres Weges dahinradeln. Kaum jemand überholt, niemand hetzt. Bei dem nicht abreißenden

Fahrradstrom müssen wir erst lernen, die Straße zu überqueren. Wir müssen in Bewegung bleiben, damit der andere ausweichen kann. Wer stehen bleibt, läuft Gefahr, umgefahren zu werden.

Zwei überfüllte Busse bringen uns am Mittag des nächsten Tages mit unserem Gepäck zur Anlegestelle am Fluss, einem Nebenfluss des Perl-Flusses. Wir wollen ihm ein Stück nach Westen folgen, um dann in Wuzhou nach Norden abzubiegen und die Karstlandschaft rund um Guilin zu besuchen, Andrea zum ersten und ich zum zweiten Mal.

Auf dem Schiff befinden sich drei Decks, die mit doppelstöckigen Liegen ausgestattet sind. Jeder hat seine schmale Koje, die durch Bretter von dem Nachbarbett getrennt ist. Das Schiff legt ab und wir blicken über ein weites Land am weiten Strom. Als wir das Hügelland erreichen, verengt sich das Flussbett. Zum romantischen Sonnenuntergang versammeln sich Chinesen und Ausländer an der Reling und gucken schweigend dem Naturschauspiel zu. Man könnte eine Stecknadel fallen hören, so still ist es. Im Osten erscheint der fast volle Mond über den Gebirgszügen und die Nacht wird sternenklar.

Wer eine Essensmarke für 50 Fen kauft (1 Yuan = 0,41 Euro, 1 Yuan =10 Jiao, 1 Jiao = 10 Fen), erhält mittags Reis mit Fett und abends Nudeln mit Fett. Daneben gibt es Zwei-Yuan teure Platten mit Fleisch, Gemüse und Erdnüssen. Wir bevorzugen das teure Gericht und greifen zu. Das Fleisch ist halbwegs genießbar und das gemischte Gemüse lecker gewürzt.

Schon früh am nächsten Morgen erreichen wir Wuzhou. Wir laufen die breiten Treppenstufen zum Ufer hoch und stehen vor dem bereits wartenden Bus. Schnell verzehren wir an einem Stand gut gewürzte, in Öl gebackene und mit Fleisch gefüllte Teilchen, steigen in den Bus und fahren los. Die Landschaft ist gebirgig. Wir überwinden sogar einen Pass. Plötzlich ein Knall: Der Hinterreifen ist platt. Der Fahrer, der zugleich immer auch Mechaniker ist, wechselt ihn aus.

In brüllender Mittagshitze halten wir vor dem Restaurant eines Dorfes, um zu essen. Die grässlichen Toiletten sind als solche kaum zu bezeichnen. In den Löchern und auf den Betontritten tummeln sich ekelhafte weiße Würmer. Ich versuche, der aufsteigenden Panik Herr zu werden, beherrsche das Grausen und renne nicht gleich fort. Über die Toiletten dieser Welt könnte ich Bücher schreiben!

Die ersten erodierten Kalksteinberge rund um Guilin tauchen auf. Bald erreichen wir die Stadt. Wir bleiben nicht, sondern fahren mit einem anderen Bus gleich weiter nach Yangshuo am Li-Fluss und lassen uns im Xiu-Li-Hotel nieder. Der kleine Ort ist als Standort viel schöner als Guilin. Er ist jetzt schon ein Paradier für Rucksackreisende. Die Hotelzimmer sind preiswert, das Essen in den Restaurants ist gut und es wird nicht mehr lange dauern, bis Bananenpfannkuchen, Swiss Rösti und Apfelkuchen auf der Speisekarte stehen. Wir treten vor die Tür und sind umgeben von den grün bewachsenen Kalksteinbergen, die sich vereinzelt und in Ketten in bizarren Formen, zackig und gerundet, ringsum erheben.

Am Nachmittag laufen wir zum Städtchen hinaus und setzen uns auf eine Wiese. Hier sind wir nur von Natur umgeben. Flöße mit Fischern schwimmen vorbei, manchmal Dschunken, auf denen unter gerundeten Dächern Familien wohnen. Dicke Wasserbüffel mit ihren Jungen, die aussehen wie Kälber, suhlen sich im kühlen Nass und müssen in der Hitze nicht mehr schwitzen. Ihre großen Augen spiegeln das Wohlbehagen.

Heute wird der Vollmond gefeiert. Andrea und ich mieten uns Fahrrä-der und radeln durch die helle Nacht. Die Silhouetten der Hügel in ihren eigenartigen Formen stehen schwarz vor dem bleichen Himmel. An einem Flussstück ist der Anblick besonders schön und die Umgebung erscheint unwirklich wie ein Traum.

Die Einheimischen treffen sich sechs Kilometer außerhalb Yangshuos und picknicken im nächtlichen, silbernen Schein Auf einem Platz rund um einen tausend Jahre alten Banyana-Baum mit seinen über alle Maße ausladenden Ästen sitzen junge Leute in Gruppen zusammen. Auf Decken und Matten haben sie ihr Picknick ausgebreitet: Äpfel, Birnen, Getränke und vor allen Dingen »Mondkuchen«, der extra für dieses Fest gebacken wird. Immer wieder tönt uns ein freundliches Hallo entgegen und die Menschen bieten uns »Mondkuchen« an. Sie schmausen und plaudern. Gemächlich radeln wir zurück, setzen uns an den Fluss und genießen die landschaftliche Schönheit der Kalksteinberge.

Für zwei Yuan mieten wir uns am nächsten Tag erneut Fahrräder und ra-deln die nächtliche Strecke noch einmal ab, schlendern durch die engen Gas-sen des nächsten Dorfes und passieren eine Ziegelei, wo die Arbeiter in hoch aufgeschütteten Erdöfen die Ziegel brennen. Lehm, der Stoff der Umgebung, dient zur Errichtung von Mauern und Häuserwänden. Ein Junge feuert den Ofen mit Reisig und Holz. Immer wieder erregen wir bei den Einheimischen Aufsehen und wir beäugen uns gegenseitig neugierig. Jede Seite möchte das Fremdartige am anderen ergründen.

Am nächsten Tag kommen wir mit Kang Min, einer Englischlehrerin, ins

Gespräch. Auf unseren gemieteten Rädern begleiten wir sie über Erd- und Trampelpfade zu ihrem Dorf, Moon Hill Village. »In den Schulen lernen die Schüler Mandarin««,, erzählt sie, »in den Dörfern ringsum spricht man verschiedene Dialekte. Sie unterscheiden sich so stark voneinander, dass die Leute sich nicht gegenseitig verstehen«. Der Marxismus sei die Hauptideologie des Landes, meint Kang Min. Sie fände die Ideen gut, aber sie würden nicht immer umgesetzt und praktiziert. Auch die Regierung mache Fehler. Das Verhalten des einzelnen werde an marxistischen Maximen gemessen und danach ausgerichtet.

Auf dem Weg halten wir in einem kleinen Dorf an. Kang Min zeigt uns das zweistöckige, aus grauen Backsteinen errichtete Haus eines ehemaligen Großgrundbesitzers. Er wurde enteignet. Heute gehöre das Haus einer 75-jährigen Frau. Kang Ming klopft an die Tür. Die Frau, die uns öffnet, ist klein, gebeugt, dünn und zahnlos. Sie führt uns in den Gang, in dem sich eine kleine Feuerstelle befindet. Hier kocht sie. Ein steinernes Wasserfass steht in der Ecke und ein wackeliger, quadratischer Holztisch unter dem Fenster. Die Türen zu den Räumen sind verschlossen. Der Glanz vergangener Zeiten, sollte er jemals vorhanden gewesen sein, ist noch nicht einmal zu erahnen. Armselig, staubig und kalt ist es hier. Wir sitzen auf Hockern.

Die Kinder der Frau wären bereits gestorben, erfahren wir, ihr Mann sei verhungert. Im Zuge der Revolution habe die Familie das Haus umsonst bekommen. Der Besitzer habe sich erhängt, um nicht von den Bauern erschlagen zu werden. Kang Min berichtet nüchtern und emotionslos. Sie wird nicht wütend, sie kritisiert nicht, sie ergreift nicht Partei. So ist es gewesen, das sind die Fakten. Sind die Ereignisse so furchtbar gewesen, frage ich mich, dass sie jede Gefühlsregung verdrängt haben?

»Die alte Frau lebt heute allein. Da sie keine Kinder hat, gucken die anderen Dorfbewohner auf sie herab«, sagt Kang Ming, »ihr Neffe trägt ihr das Wasser ins Haus und hilft ihr beim Reispflanzen«. Als die Frau jung war, war es verboten, sich religiös zu betätigen. Heute sei das Glauben wieder erlaubt, meint die alte Frau, aber nun möchte sie nicht mehr glauben.

Ich bin erstaunt, dass die Frau ohne Familie nichts gilt. Mao Zedong hatte die Familien auseinanderreißen wollen. Kinder sollten ihre dem Bürgertum verhafteten Eltern denunzieren. Die Arbeitseinheiten, die er einrichtete, übernahmen die Fürsorgepflicht. Von den Menschen wurden Gehorsam und Loyalität gegenüber der Kommune gefordert, sie sollten sich der Führung der Partei anvertrauen. Vier alte Werte sollten ausgerottet werden, Religion,

Kultur, Traditionen und Sitten. Die Autorität der Älteren und der Gehorsam der Jüngeren ihnen gegenüber bestanden immer noch.

Im Grunde gelten jedoch noch immer die Werte der konfuzianischen Ethik, die dem Einzelnen seinen Platz in der Gesellschaft zuweisen. Die Familienbande sind stark geblieben. Das chinesische Neujahr, das am ersten Vollmondtag im Januar stattfindet und das ich in späteren Jahren erleben würde, ist das wichtigste Fest der Chinesen. Die Bürger haben fünf Tage frei. Sie reisen Tausende von Kilometern, um im Familienkreis feiern zu können; Züge und Busse platzen aus allen Nähten, Behörden, Banken, Schulen und viele Restaurants sind geschlossen. Über die Jahrhunderte hinweg war der chinesische Mensch eingebunden in die Familie, die Dorfgemeinschaft, die Gesellschaft. Er war und ist ein Gruppenmensch und kein Individualist. Der Individualismus wurde nie geschätzt oder gar gefördert wie im Westen, sondern er gilt eher als eigensüchtig, rücksichtslos und überheblich.

Zurück in Guilin, bekommen wir eine vierwöchige Verlängerung für unser Visum. Was war das für ein Gerede in Hongkong! Jeder glaubte genau Bescheid zu wissen und malte den Teufel an die Wand.

Am Abend verlässt der Zug mit einer Stunde Verspätung Guilin. Wir sind auf dem Wege nach Chongqing, um die Umgebung zu erkunden. Im Waggon herrscht das übliche Gedränge. Am nächsten Mittag müssen wir umsteigen und der Anschlusszug ist noch voller als der vorige. Um 5.00 Uhr am nächsten Morgen erreichen wir Chongqing. Mit einem O-Bus fahren wir durch die Dunkelheit zum Hotel. Durch eine Hintertür lässt man uns ein. In der Lobby dürfen wir bis zum Tagesanbruch schlafen.

Die Häuser Chongqings ziehen sich die gelben Hügel hoch, deren Konturen im ewig herrschenden Dunst verschwimmen. Klare Sicht gibt es hier wohl nie. Wir wandern den ganzen Tag durch die steilen Gassen und über die Märkte, die ich noch genauso faszinierend finde wie vor zwei Jahren. Die untergehende Sonne taucht die braunen Fluten des Jangtse in ihr Licht und zaubert eine goldene Bahn durch das Tal.

Menschen in Chongqing am Jangtse

Die Grotten von Dazu in der Nähe von Chongqing

Der Grottentempel von Dazu im Baoding-Gebirge, Chongqing

Eine knappe Tagesreise von Chongqing entfernt liegt Dazu. In der Nähe des Dorfs wollen wir die in eine Felswand geschlagenen buddhistischen Reliefs am Baoding Shan besuchen. Ein Bus bringt uns ans Ziel. Abgeerntete Reisfelder breiten sich zwischen den Hügeln aus. Die Bauern lenken einen mit spitzer Schneide ausgestatteten Holzpflug, der von einem Wasserbüffel gezogen wird. Mensch und Tier versinken bis zum Bauch im Schlamm.

Der Himmel ist grau verhangen, es regnet ein bisschen. Im Hotel von Dazu beziehen wir in ein Doppelzimmer mit Bad. Vorsorglich kaufen wir die Busfahrkarten für die morgige Weiterfahrt nach Chengdu und mieten uns ein Taxi für die fünfzehn Kilometer entfernt liegende buddhistische Stätte am Baoding Shan, dem »Schatzkammerberg«.

Halbkreisförmig verteilen sich die Reliefs in einer Felsenschlucht. Die fein gemeißelten Figuren wurden im 12. und 13. Jahrhundert während der Song-Dynastie geschaffen und sind teilweise noch bunt bemalt. 10 000 Steinskulpturen sind zu bewundern. Ein 31 Meter langer liegender Buddha füllt die Höhle elf aus, der tausendarmige Bodhisattva Avalokiteshvara in Höhle acht ist ebenfalls riesig. Vergoldete Figuren glänzen neben türkisblau gekleideten. Neben Hausmodellen stellen Figurengruppen Szenen aus dem damaligen chinesischen Leben dar. Folterbilder zeigen die Höllenqualen,

129

die den Sünder nach seinem Tod erwarten. Die Türen eines verwitterten Holztempels quietschen.

Kurz nach sechs am nächsten Morgen verlässt der Bus Dazu. In der ersten Tageshälfte fährt er durch kleine Dörfer. Niedrige Fachwerkbauten aus Lehm liegen vereinzelt inmitten der Reisfelder und erinnern an traditionelle koreanische Bauernhäuser. In diesem Landstrich mag der Roman »Die gute Erde« von Pearl S. Buck gespielt haben, der 1932 mit dem Pulitzer- und 1938 mit dem Literaturnobelpreis ausgezeichnet wurde. Er erzählt die Geschichte des bitterarmen Bauern Wang Lung, der aus eigener Kraft zu einem rücksichtslosen Großgrundbesitzer aufsteigt, und seiner hart arbeitenden Frau O-Lan. Während einer Hungersnot verkauft die Familie ihren Besitz, doch die Scholle, die Wang Lung bearbeitet, ist für ihn unverkäuflich, denn sie ernährt den Menschen. »Die gute Erde« veranschaulicht das Leben und Denken der Menschen im ersten Drittel des 20. Jahrhunderts, erzählt von Sitten, Gebräuchen und Traditionen, gegen die Mao Zedong seinen unerbittlichen Krieg eröffnen wird. Die Stellung der Frau wird er dabei verbessern.

Die Straße ist streckenweise eine schmale Piste. Über einen Pass erreichen wir das Rote Becken der Provinz Sichuan und um 19.00 Uhr Chengdu, die Hauptstadt der Provinz. Im riesigen Touristenhotel am Bahnhof übernachten wir für zwei Yuan in einem Versammlungsraum. Die Angestellten haben für zwölf Rucksackreisende weiße Bettlaken auf dem Boden ausgebreitet. Das Hotel sei voll!

In den schmalen, baumbestandenen Seitenstraßen entdecken wir ein kleines Familienrestaurant. Die Besitzer bereiten für uns Gemüseplatten zu und bewirten uns aufs Freundlichste. Immer wieder staunen wir über die Esslust der Chinesen, die sich alles, aber auch wirklich alles einverleiben: Sie knabbern an Gänse- und Hühnerbeinen, sie lutschen Hühnerkrallen ab und Vogelköpfe aus, sie schlucken Blindschleichen und Frösche. Selten sehen wir einen Hund durch die Straßen streunen, denn Hundefleisch soll eine Delikatesse sein – für die Chinesen.

Auf einer Zugfahrt in Südchina hatte uns ein Amerikaner mit einer umwerfenden Nachricht überrascht: In Chengdu bekämen Einzelreisende ein Permit, um nach Tibet zu reisen. Wie bitte? Tibet? Wir hatten es nicht glauben wollen. Und jetzt erhalten wir einen Reiseschein für Lhasa, der Hauptstadt, im Büro für öffentliche Sicherheit. Es befindet sich im Erdgeschoss des Hotels. Bedingung: Wir müssen fliegen. Wir besorgen uns einen Flug für den 21. September 1984 und zahlen stolze 322 Yuan dafür, etwa 150 Euro.

Auf dem Qinghai-Tibet-Plateau

Tibet – geografisch und politisch

Das Qinghai-Tibet-Plateau in China ist das höchste, größte und geologisch jüngste der Erde. Seine Durchschnittshöhe beträgt 4000 bis 4500 Meter. Kaum vorstellbar, aber vor Jahrmillionen entstieg es einem Urmeer, dem Tethysmeer. Die subindische Kontinentalplatte driftete auf dem heißen, flüssigen Erdinneren nordwärts, schob sich unter die asiatische und drückte die Erdkruste gen Himmel. Das Dach der Welt entstand und mit ihm seine gezackte Randkrone im Süden, der Himalaja. Allein 14 Achttausender ragen empor und 17000 Gletscher fließen aus eisigen Höhen zu Tal. Der 8848 Meter hohe Mount Everest liegt auf der Grenze zwischen Tibet und Nepal. Er wächst zwei Zentimeter im Jahr, denn noch immer heben sich die Berge infolge der Plattenverschiebung.

Die Kunlun-Gebirgskette begrenzt das Dach der Welt weit im Norden und das Karakorum-Gebirge in Nordpakistan bildet das Westende des Himalajas. Im Südosten des riesigen Plateaus, nicht weit von der chinesischen Provinz Yunnan, haben sich drei parallel verlaufende Gebirgsschluchten gebildet, durch die die großen Flüsse Jinsha Jiang, Lancang Jiang und Nu Jiang fließen. In ihrem späteren Verlauf heißen sie Jangtse, Mekong und Salween.

Tibet reicht weit über seine heutigen, von den Chinesen festgelegten Grenzen hinaus. „Kham" und „Amdo", die Randbezirke, die zum freien Tibet gehörten, liegen jetzt in den chinesischen Provinzen Yunnan, Sichuan, Gansu und Qinghai.

Die Geschichte Tibets begann Anfang des 7. Jahrhunderts mit Songtsen Gampo, dem ersten König Tibets, der von 618 – 649 herrschte. Er vereinte die rivalisierenden Königreiche und errichtete seinen Palast an der Stelle des heutigen Potala. Nach kriegerischen Auseinandersetzungen mit China nahm er im Jahr 635 Wen Cheng, eine buddhistische Prinzessin vom chinesischen Tang-Hof zur Frau. Seine zweite Gemahlin Bhrikuti aus Nepal war ebenfalls Buddhistin. Der Buddhismus entstand neben der alten Bön-Religion, die bis zum heutigen Tag ihre Anhänger hat, wenn auch in reformierter Form. Sie beeinflusste die Lehrinhalte des Buddhismus und, umgekehrt, buddhistische Elemente gingen in die Bön-Religion ein.

Mitte des 8. Jahrhunderts tauchte ein Magier und Lehrmeister aus Indien in Tibet auf und führte den Vajrayana-Buddhismus ein, eine Strömung des

Mahayana. Dieser Mann hieß Padmasambhava, der Lotosgeborene. Der „kostbare Lehrer", wie er auch genannt wird, integrierte die Götter und Dämonen der Bön-Religion in das buddhistische Pantheon. Geschickt wies er ihnen eine Schutz- und Wächterfunktion zu.

Padmasambhava rief die Nyingma-Schule bzw. den Rotmützenorden ins Leben, der sich knapp 500 Jahre später vom Gelbmützenorden absetzen würde. Er erbaute Samye, das erste und damit älteste Kloster Tibets. Die Mönche begannen, die Lehrreden Buddhas ins Tibetische zu übersetzen.

Im 13. und 14. Jahrhundert überrannten die Mongolen das Dach der Welt. Als Mitte des 14. Jahrhunderts ihre Macht zusammenbrach, begann die Hochblüte der tibetischen Klosterkultur. Anfang des 15. Jahrhunderts gründete der große Reformator Tsongkhapa die Gelugpa-Tradition, die Schule der Tugendhaften. Im Gegensatz zu den Rotmützen-Mönchen tragen die Mönche der Gelugpa-Sekte einen gelben Hut. Die Klosterstädte Ganden, Sera und Drepung entstanden. Die Anzahl der Mönche wuchs und die Linie der Dalai Lamas begann. Als geistige und politische Führer bestimmten sie die Geschicke Tibets.

Das Land ist heute noch tief religiös. Die Menschen murmeln ihre Mantras, um den Geist zu reinigen, drehen ihre Gebetsmühlen und lassen ihre Gebetsketten durch die Finger gleiten. Sie besuchen die Tempel und werfen sich vor heiligen Statuen nieder. In Prostration umrunden sie auf staubigen Wegen und Straßen heilige Stätten. Zum Schutz tragen sie Lederschürzen, Knieschoner und stützen ihre Handflächen auf Holzbrettchen ab. Manchmal sind sie monatelang, sogar Jahre unterwegs, um die Strecke von ihrem Dorf nach Lhasa, Körperlänge für Körperlänge, zurückzulegen.

Das Mantra Om mani padme hum, „Oh du Edelstein in der Lotosblüte", füllt die Gebetsmühlen. Der Gläubige dreht sie und schickt das Mantra zum Heil der Menschheit in alle Himmelsrichtungen. Es steht auf den Gebetsfahnen, die in der dünnen und klaren Luft des Hochlandes auf Häusern, Pässen und an Andachtsstätten flattern. Tausendfach ist es in Fels und Stein geritzt, die heiligen Mani-Steine sind oft zu Mani-Mauern zusammengesetzt.

Mitte des 20. Jahrhunderts brach das Unglück über Tibet herein: Kaum hatten die Kommunisten unter Mao Zedong die Herrschaft über das chinesische Volk gefestigt, marschierte die Armee 1950 nach Tibet ein und unterwarf das Land. Die Tibeter rebellierten mehrfach. Die Situation eskalierte 1959, als die Chinesen die Aufstände blutig niederschlugen. Der Dalai Lama, das geliebte geistige Oberhaupt der Tibeter, floh mit Tausenden seiner Landsleute nach Indien. Noch heute lebt er in Dharamsala im indischen Himalaja. Allein bei diesen Aufständen sollen 87 000 Tibeter ums Leben gekommen sein. Die Gräueltaten der Roten Garden unter Mao sollten sich noch steigern. Während der Kulturrevolution (1966 – 1976) zerstörten sie Tausende von Klöstern, ermordeten Zigtausende von Mönchen oder verurteilten sie zu Zwangsarbeiten. Die Verwüstungsorgie war unvorstellbar, sowohl in Tibet als auch in China selbst. Über Jahre war die Religionsausübung in Tibet verboten. Erst seit Ende der 1970er Jahre, nach Maos Tod, besteht in China offiziell Religionsfreiheit. In Wirklichkeit werden die Tibeter weiterhin geknebelt und unterdrückt.

Noch im August 2000 ließen chinesische Sicherheitskräfte den Jokhang-Tempel in Lhasa räumen, eine Provokation ohnegleichen. Und im Jahr 2008, kurz vor Beginn der Olympischen Spiele in Peking, sah die Weltöffentlichkeit entsetzt und hilflos zu, wie chinesische Polizisten und Soldaten auf die Tibeter einprügelten, nicht nur in der autonomen Region selbst, sondern auch in den angrenzenden Provinzen, in denen die tibetische Kultur zu Hause ist.

Lhasa selbst ist mittlerweile eine chinesische Stadt. Die chinesische Regierung lockte chinesische Bürger mit Sonderzuwendungen nach Tibet. 1950 lebten etwa 45.000 Menschen in Lhasa, überwiegend Tibeter, heute sind es 475000. Die eingewanderten Chinesen errichteten mehrstöckige Häuserkästen, die die schönen tibetischen Lehmhäuser überragen und das Bild der heutigen Großstadt prägen.

Lhasa mit dem Potala und dem Jokhang-Tempel

Der Flug von Chengdu nach Lhasa dauert eine Stunde und 40 Minuten. Wir schweben über die Bergwüste Tibets und blicken hinunter auf die braunen Berge, die sich bis zum Horizont ausdehnen. Manche sind mit einem Flaum von Schnee bedeckt, andere steigen als Schneegiganten aus den Wattebauschwolken empor. Ortschaften und Flüsse sind vom Flugzeug aus nicht zu erkennen. Erst als die Maschine das Zang-Po-Tal, die Wiege der tibetischen Zivilisation, überfliegt und an Höhe verliert, tauchen Dörfer und ein Fluss auf: der Zang-Po, der Brahmaputra. Er frisst sich durch das nördlich gelegene Gangdis-Gebirge und durchbricht im Süden den Himalaja.

Die Maschine setzt zur Landung auf der einzigen Flugpiste an, die ein schwarzes Band in die Einöde zeichnet. In der Ferne schimmern ein paar

Gebäude, die zum Landeplatz gehören. In der Nähe warten drei halb verrostete Klapperbusse. Wir steigen aus der Maschine und treten von einem Bein aufs andere. Niemand weiß, wie es weitergehen soll. Einige stürzen zu den Bussen, andere laufen wie aufgescheuchte Hühner herum. Wo bekommen wir unser Gepäck? Wird es zu den Gebäuden in der Ferne gebracht oder müssen wir hier an der Piste warten? Da kommt es ja! Angestellte bringen es auf zwei Lastwagen und laden es auf einem umzäunten Fleckchen Erde ab. Da liegt es! Jeder muss sich selbst um seine Habseligkeiten kümmern und im Haufen danach suchen. Wer sein Gepäck gefunden hat, steigt in einen der drei Busse, die nach Lhasa fahren. Der Flughafen von Lhasa liegt 120 Kilometer südwestlich der Stadt. Im Bus sitzen wir in der letzten Reihe und werden schlimm durchgeschüttelt. Die Stoßdämpfer sind defekt, in jedem Schlagloch hüpfen wir auf und ab, schleudern in die Luft und knallen zurück auf den Sitz.

Viele Tibeter arbeiten im Straßenbau und wohnen in Zeltstädten. In den Siedlungen stehen die tibetischen Häuser einzeln oder ineinander verschachtelt innerhalb einer Hofmauer. Auf den Dächern flattern Gebetsfahnen. Die Hausmauern aus Lehm verjüngen sich nach oben, an den Fenstern hängen Stores über Holzsimsen. Felder umgeben die Häuseransammlungen. Der Mensch müht sich, den dürren Boden urbar zu machen. Yaks ziehen den Pflug, um den harten Boden zu lockern, damit Gerste angepflanzt werden kann. Wir befinden uns in 3600 Meter Höhe, die Luft ist dünn und klar.

Wir nähern uns Lhasa und erblicken schon von Weitem den Potala-Palast, der majestätisch auf dem Roten Berg über der Stadt aufragt. Die Zufahrtsstraßen sind von hässlichen, chinesischen Häuserkästen gesäumt, die mit der Kultur der Tibeter nichts gemein haben. Eine Schande!

Im Guest House Nummer eins hoffen wir unterzukommen. Die Rezeption ist noch geschlossen und viele Touristen drängen sich im Eingangsraum. Andrea und ich bekommen nach einer Stunde Wartens die letzten Betten in einem Dreibettzimmer zugewiesen. Asao, eine Japanerin, wohnt schon hier. Zum Duschen gehen wir ein Stück die Straße hinunter zum Duschhaus.

Wir machen unseren ersten Gang rund um den Potala, den Winterpalast des Dalai Lamas. Die sich nach oben verjüngenden Mauern der ineinander verschachtelten Gebäude leuchten weiß und braun-rot. Der Potala ist dreizehn Stockwerke und 110 Meter hoch. Hinter den weißen Fassaden befinden sich Verwaltungsräume, während der »Rote Palast« mit Tempeln, sakralen Räumen und Privatgemächern der Wohnsitz des Dalai Lamas war. Die gol-

Der Potala in Lhasa., Tibet

denen Dächer des Potala krönen ein Wunderwerk der Baukunst. Ein heiliger Weg umrundet den Potala. Er ist von zwei hohen Mauern gesäumt. Die Tibeter gucken uns neugierig an und studieren die ihnen fremden Gesichtszüge; viele grüßen mit einem freundlichen Lächeln. In den zerfurchten Gesichtern der alten Menschen spiegelt sich ein langes, entbehrungsreiches und trotzdem zufriedenstellendes Leben. Fast jeder dreht eine Gebetsmühle und murmelt Mantras. An einer Stelle wartet ein Rudel Hunde darauf, gefüttert zu werden. Einige Tibeter stecken den Streunenden einen Bissen zu. Kinder betteln um Geld oder einen Kugelschreiber. Lachend rennen sie davon, wenn ihr Versuch gescheitert ist.

Am Fuße des Roten Berges unterhalb des Potalas zieht sich ein Teil der Altstadt hin. Wir laufen durch verwinkelte Gassen an den traditionellen Wohnhäusern der Tibeter vorbei. Hier leben sie wie vor Jahrhunderten. In einem Innenhof füttert ein Tibeter gerade seine Kühe. An einer Hauswand kleben Kuhfladen zum Trocknen, das Brennmaterial in einem baum- und strauchlosen Landstrich. Die Familien haben die kleinen Fenster und die

Ränder der Flachdächer mit Blumen geschmückt. Rund um den Jokhang, dem ältesten Tempel Lhasas und dem heiligsten Tibets, spielt sich jeden Tag der Markt ab. Der Platz ist eingefasst von stattlichen, mehrstöckigen Häusern in tibetischem Stil. Unser erster Tag auf dem höchsten Plateau der Erde geht zu Ende. Beim Treppensteigen im Hotel rast das Herz in der dünnen Luft.

Andrea japst nach Luft und bleibt am nächsten Tag im Bett, ich esse in einem tibetischen Restaurant eine Nudelsuppe und Fladenbrot. In dem dunklen Raum stützen runde rot bemalte Holzsäulen die Decke ab. Der Fußboden besteht aus gestampftem Lehm. In der hinteren Ecke kocht die Frau des Hauses auf einem mit Dung befeuerten Lehmofen. Aus einem Eimer Wasser schöpft sie Wasser und füllt es in den Teekessel. Einen Wasserhahn gibt es nicht.

Ich gerate auf einen der sehenswertesten Märkte meines Lebens. Ich werde nicht müde, die von der Sonne gedunkelten und vom Wind gegerbten Gesichter der Menschen anzuschauen. Viele Frauen tragen ihr Haar in zwei langen, geflochtenen Zöpfen, die bis zum Gesäß herabhängen. Bei anderen bilden unzählige dünne Zöpfe einen durchsichtigen Vorhang, der über Schultern und Rücken fällt. Ein Band hält die Flechten zusammen. Über dunklem Gewand leuchtet eine quer gestreifte, dreiteilig gegeneinander abgesetzte Schürze in Naturfarben. Die Männer tragen ein braunes Wams und manchmal Stoffstiefel.

Die Menschen kommen aus verschiedenen Regionen Tibets. Eine Gruppe sticht aus der Menge hervor: Diese Frauen und Männer sind von stattlicher Statur und strahlen Stolz und Kraft aus. Ihr langes Haar halten sie mit einer roten Quaste und Seidenschnüren zusammen. Andere Männer tragen lange, schwere Fellmäntel. Jedes Gesicht ist ausdrucksstark, ich möchte keines je wieder vergessen. Egal, ob es jung oder alt ist, es spiegelt ein urwüchsiges Leben in einem unwirtlichen Landstrich wider. Obwohl der Lebensstandard niedrig ist, mag die Lebensqualität höher als in entwickelten und technisch fortschrittlichen Ländern sein. Die Händler bieten Gemüse, Äpfel, vereinzelt sogar Weintrauben und Pfirsiche feil. Jeden Tag hole ich mir Pellkartoffeln und hartgekochte Eier vom Markt. Sie schmecken mir besser als die faden, öligen Reisgerichte in den tibetischen Restaurants.

Teppiche liegen ausgebreitet auf dem Boden, daneben Türkise, Korallen und Dolche mit verziertem Griff. Bunt bemalte Schränkchen stehen neben Gebetsmühlen und Butterlämpchen, die die Gläubigen auf den Altären ihrer Tempel entzünden. Teeschalen und Butterteestampfer gehören zu den Gebrauchsgegenständen in jedem Haushalt. Die Hausfrau füllt Tee und Yakbut-

1984: Auf dem Markt in Lhasa

ter in den schlanken Zylinder und mischt beides. Der salzige Buttertee ist ein wichtiges Nahrungsmittel und das Nationalgetränk der Tibeter. Er gehört wie das geröstete Gerstenmehl, Tsampa genannt, zu jeder Mahlzeit.

In einer Straße liegt auf Tischplatten das zu Bergen gehäufte, mit Fliegen bedeckte Yakfleisch. Ein Yakschädel mit gebogenen Hörnern krönt die Ware. Einige Brocken sind auf die Erde gefallen. Streunende Köter schnüffeln hungrig unter den Ständen und hoffen, ein Fleischstückchen zu finden. Die Händler bieten große Ballen Yakbutter und Käse an. Der Yak, ein Grunzochse, dient dem tibetischen Menschen als Tragtier und als Lebensmittelquelle. Aus seinem zotteligen Fell fertigen die Nomaden ihre Zeltwände. Bootsbauer nutzen seine Haut als Isolierschicht.

Mit der Sauberkeit ist es schlecht bestellt. Wasserleitungen würden im Winter einfrieren, deshalb gibt es in keinem Haushalt fließendes Wasser. Die Kleider der Tibeter sind schmutzig und speckig, die Haare verfilzt. Bei einigen fragt man sich, ob sie sich überhaupt jemals waschen. Es ist zu kalt. Sie bleiben schmutzig und sind es nicht anders gewöhnt. Zu Festlichkeiten putzen sich die Menschen allerdings heraus. Sie waschen sich das Haar, baden sich im Fluss, ziehen saubere Kleider an und legen ihren Schmuck an.

Der Jokhang in der Nähe ist schon geschlossen, als ich den Haupteingang erreiche. So viel gab es zu sehen und zu bestaunen. Vor dem verschlossenen Portal verrichten junge und alte Tibeter ihre Andacht. Sie werfen sich auf den Boden und lassen die Arme auf Unterlagen nach vorne gleiten. Dann stehen sie auf und sinken erneut nieder, zwanzigmal, dreißigmal? Endlos! Die Religion ist in den Menschen tief verwurzelt. Alle Kampagnen der Chinesen, Religion und Kultur auszurotten, sind im Sande verlaufen. Die Klöster mögen zerstört, viele Mönche umgebracht oder vertrieben sein, der Dalai Lama lebt im Exil, aber der Glaube besteht fort und durchsetzt den Alltag.

Jeden zweiten Tag öffnet der Potala, habe ich in Erfahrung gebracht. Mit ein paar Rucksackreisenden harre ich vor dem Portal der Dinge, die sich ereignen sollen. Einer der Wartenden spricht andauernd von einer Führung, die es offenbar gar nicht gibt. Das Portal des Palastes bleibt verriegelt. Ein Chinese erscheint und einige Westler bombardieren ihn mit Fragen auf Englisch. Ende der Woche, am Freitag, könne man den Potala besichtigen, radebrecht er. Er versteht uns kaum. Und dann geschieht plötzlich ein Wunder: Die Pforte zum Heiligtum öffnet sich.

Der heutige Palast entstand unter dem fünften Dalai Lama. Der Weiße Palast wurde 1648 fertiggestellt, der Rote Palast 1694 nach dessen Tod.

Der 13. Dalai Lama erweiterte den Palast um zwei Stockwerke. Wir laufen durch ein Labyrinth von dunklen Gängen und gucken in düstere Kammern und Nischen, eine Taschenlampe wäre von großem Nutzen. Viele Räume sind Heiligen gewidmet, daneben gibt es Gebetshallen und Meditationssäle. Die verstorbenen Dalai Lamas wurden in Stupas, buddhistischen Reliquienschreinen, beigesetzt. Die Begräbnisstätte des fünften Dalai Lamas ist am herrlichsten: Der vergoldete Stupa ist fünfzehn Meter hoch und mit Türkisen, Korallen und Perlen geschmückt. Wir steigen auf das Flachdach und schauen unterhalb der goldenen Zinnen und Dächer, die den Potala krönen, über Lhasa, bevor unsere Führung zu Ende geht. Wir haben längst nicht alle Räume gesehen.

Am nächsten Tag besichtigen wir den Sommerpalast des Dalai Lamas. Das goldene Dach blitzt über hohen Mauern auf. Durch einen Hintereingang gelangen wir in einen baumbestandenen Park. In einem ausgetrockneten See stehen Pavillons und kleine, mit Fresken bemalte Tempel. Die alten Häuser am Rande des Parks sind verlassen und halbverfallen. Eine friedliche Atmosphäre umfängt uns. Wir laufen durch die lichten und hellen Zimmer, durch die Meditations- und Wohnräume. Fresken bedecken die Wände. Der Potala ist dunkel, schwer, kompakt, ich bekam kaum Luft. Im Sommerpalast fällt das Atmen leicht. Wir wandern durch den Wald, der sich längs der Straße hinzieht. Die sonnendurchfluteten Bäume schimmern in allen Grüntönen unter einem lichten Himmel.

Asao, die Japanerin auf unserem Zimmer, hat von einem »himmlischen Begräbnis« erfahren, das morgen in der Nähe der Klosterstadt Sera stattfinden soll. Die tibetische Erde ist die meiste Zeit des Jahres über gefroren, Brennholz ist eine Kostbarkeit. Tote sind in diesem Landstrich schwer zu begraben oder zu verbrennen. Asao erzählt aufgeregt vom Ritual der Tibeter: Chinesische Touristen guckten beim Zerstückeln der Leichen pietätlos aus nächster Nähe zu. Die »Totengräber« gingen mit gezückten Messern auf die feixenden Chinesen los, um sie zu vertreiben. Auch mit Leichenteilen würden sie um sich werfen. Asao denkt bei allem Essbaren an »cutting people« und wir ersticken die makabre Vorstellung im Lachen. Aus der Ferne wollen wir vom Fluss aus einem »himmlischen Begräbnis« zugucken.

Wir, sieben Leute an der Zahl, stehen um 5.00 Uhr auf, frühstücken und marschieren los, die kleine Asao mit ihren kurzen Beinen immer voraus. Wir laufen durch die dunklen Straßen Lhasas, an Pilgercamps vorbei und dann über eine holprige Piste. Nach gut einer Stunde erreichen wir den Fluss und hocken uns ans Ufer. Die Sterne verblassen, ein Feuerchen flackert in der Ferne an einem felsigen Hang. Die dunklen Gestalten, die sich vom Feuerschein abheben, die Leichenbestatter, mögen gerade ihren Buttertee trinken. Es wird hell und es geschieht gar nichts. Findet ein »himmlisches Begräbnis« statt oder nicht? Uns ist es inzwischen eiskalt geworden. Wir entzünden ein Feuerchen und versuchen es mit herumliegendem Gestrüpp in Gang zu halten, um die kalten Hände aufzuwärmen.

Als die Sonne voll ins Tal scheint, beginnt auf einem riesigen, flachen Felsmonolith das Ritual. Der Steintisch mutet an wie ein Altar. Die Bestatter zerstückeln die Leiche und zerstampfen die Teile. Was wir aus der Ferne sehen, reicht uns vollauf. Manchmal fliegt ein Stück Fleisch durch die Luft. Auf den Felsen ringsum hocken Geier, schwarze und große Gesellen, und warten auf ihr Mahl. Zum Ende der Leichenzerstückelung hin erheben sie sich in die Lüfte und fangen an zu kreisen. Auf einen Ruf hin nähern sie sich dem Felsen und lassen sich am Rande nieder. Ein paar Krähen erhoffen sich auch einen Fleischbrocken. Kaum haben die Bestatter ihre Arbeit beendet, stürzen sich die Geier auf das Felsplateau und verschlingen die zerkleinerten menschlichen Überreste.

Am Nachmittag besuche ich den Jokhang, den ältesten Tempel der Stadt, das Nationalheiligtum Tibets. Die Menschen strömen mit ihren Opfergaben hinein und umrunden das Innere im Uhrzeigersinn. Gebete murmelnd, ziehen sie in einer langen Schlange an den vielen Heiligenfiguren in den Seitenkapellen und Nischen vorbei, entzünden Butterlämpchen und Räucherstäbchen und verneigen sich vor den Statuen der Buddhas, Bodhisattvas und der verstorbenen Lamas. Sie träufeln Yakbutter in die brennenden Lampen und setzen jede Gebetsmühle im Wandelgang rund um das Heiligtum in Bewegung. Es herrscht eine Inbrunst, wie ich sie noch nie erlebt habe. Viele Pilger kommen von weither, um sich ihren Herzenswunsch, das größte aller Heiligtümer einmal im Leben zu besuchen, zu erfüllen.

Die wertvollste Statue des Jokhang steht in der Kapelle gegenüber dem Eingang und stellt den Jobo Shakyamuni dar, den »Edlen Herrn Shakyamuni«. Sein vergoldetes Gesicht ist umrahmt von einem fünfstrahligen Diadem. Jeder möchte die Statue berühren, um der Qualitäten des historischen Buddhas teilhaftig zu werden. Ein schmaler, dämmriger Gang führt um das Standbild herum, das hoch über den Menschen aufragt. In vergoldeten Kelchen brennt Yakbutter, die Luft ist schwer vom süßlichen Rauch. Die gesammelte Andacht lässt die Welt draußen vergessen.

Der Jokhang, der heiligste Tempel Tibets in Lhasa

Die Statuen Songtsen Gampos und seiner Gemahlinnen in einer anderen Kapelle werden hochverehrt. Maitreya, der Buddha der Zukunft, die Acht-Medizin-Buddhas und die Buddhas der Sieben Weltzeitalter, der tausendarmige, elfgesichtige Avalokiteshvara, fehlen auch nicht. Die Tibeter verneigen sich vor Padmasambhava, dem indischen Magier und Gründer des Klosters Samye, und Tsongkhapa, dem Reformator und Gründer des Gelbmützenordens. Neben den Heiligenfiguren schmücken Wandmalereien die Wände der Hallen und Kapellen. Goldene Dächer krönen den Jokhang. Ich vermeine Stunden im Jokhang verbracht zu haben, die Zeit blieb stehen.

Andrea hat immer noch Schwierigkeiten mit der Höhe. Sie bucht einen Flug nach Chengdu, um sich dort noch ein bisschen umzugucken und dann nach Deutschland zurückzufliegen.

Ein großer Nationalfeiertag der Chinesen wird gefeiert. Riesige Militärparaden finden in Peking statt, die kommunistische Regierung protzt mit ihrer Macht. Im Stadion Lhasas halten einige Chinesen am Morgen große Ansprachen und preisen die »Befreiung Tibets vom Feudalismus«, den technischen und wirtschaftlichen Fortschritt in diesem unwirtlichen Land, die Verbesserung der Infrastruktur, die ein Segen für die Männer und Frauen des tibetischen Volkes sei. Schon Tage vorher wurden die Häuserfassaden frisch getüncht und die Fensterläden gestrichen. Die chinesischen Fahnen sind nun gehisst.

Im Norbulingka-Park treffen sich die tibetischen Familien Lhasas nachmittags zum Picknick. Mit Asao schlendere ich durch den Park. Die Familien begrüßen Asao und mich immer wieder und laden uns ein, uns dazu zu setzen. Sie erzählen von ihren Leiden im besetzten Land: Viele Tibeter schicken ihre Kinder nicht in die chinesischen Schulen, denn sie fürchten um den Verlust ihrer Kultur. In erster Linie sollen ihre Kinder Tibetisch lesen und schreiben lernen. Am wichtigsten ist ihnen ihr Glaube. Früher sei Lhasa ein Paradies gewesen, sagen sie, heute sei es für Tibeter schwer, einen Arbeitsplatz zu finden, weil die eingewanderten Chinesen fast alle Stellen besetzen.

Die meisten Tibeter und Chinesen, die sich auf der Straße treffen, laufen aneinander vorbei, als sei der andere Luft. Manchmal kracht es zwischen ihnen. Sie gehen aufeinander los und verprügeln sich gegenseitig.

Einen Tag nach der Militärparade feiern die Tibeter auf dem Norbulingka-Platz ihr eigenes Fest. Der Platz ist belebt ist wie ein Kirmesplatz. Die Familien haben bunte Tücher zwischen die Bäume gespannt und sitzen zum Picknick wie gestern auf der Erde. Unter einem riesigen Baldachin, der über einer Bühne schwebt, finden nachmittags Darbietungen statt: Sänger und Tanzgruppen treten auf und manchmal spricht jemand ins Mikrofon.

Im Guesthouse Nummer eins verdoppelt man die Preise. Wir ziehen um ins neue »Tibetan Guesthouse«, das die Hälfte kostet und uns hundertmal besser gefällt. Wie viel freundlicher die Atmosphäre hier ist! Bemalte Holzsäulen unterteilen die anheimelnden Zimmer. Ein Wasserhahn befindet sich im Hof, die Plumpsklos sind sauberer als die Wasserklosetts im chinesischen Gästehaus. Dort lernten wir vor allen Dingen ein Wort: »Meo! Das gibt es nicht! Das haben wir nicht! Heißes Teewasser? Meo!« Die Rezeption war oft geschlossen, auch die Toiletten riegelte man tagsüber auf mindestens zwei Etagen ab. »Meo!«

Das Duschhaus nebenan war am Sonntag und Montag geschlossen und ist es heute, am Dienstag, immer noch. Mindestens zehn Frauen stehen und warten. Nichts tut sich. Die Damenabteilung bleibt verschlossen. Eine Australierin guckt hinter die Schwingtür der Herrenabteilung und siehe da, dort läuft heißes Wasser aus den Duschen! In aller Gemütsruhe duschen wir eine nach der anderen. Am nächsten Tag ist das Wasser abgedreht. Dusche? »Meo!« Ich versuche erneut, in den Potala zu kommen. Er ist verriegelt und verrammelt. Potala? »Meo!«

Die großen Klosterstädte Drepung, Sera und Ganden

Das tibetische Gästehaus feiert seine Einweihung und lädt viele Tibeter und uns, die Rucksackreisenden, zum Feiern ein. Gemeinsam nehmen wir ein reichhaltiges Mahl ein, Reis mit Paprika und Yakgulasch. Anschließend sprechen wir dem tibetischen Bier zu, Chang genannt. Nach tibetischer Sitte trinkt man ein Glas Chang in einem Zug aus, wenn ein Tibeter es anbietet. Es wäre unhöflich, es nicht bis auf den Grund zu leeren. Die Tibeter haben einen Heidenspaß, wenn einer von uns Westlern die Spielregeln befolgt. Die Stimmung ist prächtig. Nach dem Essen tanzen wir, hauptsächlich wir Westler. Alle sind glücklich. Kurz vor Mitternacht gehen wir schlafen, dabei wollen wir am nächsten Morgen besonders früh aufstehen, um die Klosterstadt Ganden zu besuchen. Lkw-Fahrer befüren sporadisch die Strecke und nähmen Leute mit, haben uns die Tibeter erzählt. Manchmal soll es auch Busse geben. Feste Fahrzeiten haben wir nicht in Erfahrung bringen können. Es gibt wohl keine.

Ellen, eine Amerikanerin, weckt mich am nächsten Morgen kurz vor sechs, sonst wäre ich mit meinem Chang-Kopf gar nicht aus dem Bett gekommen. Lumpi, eine Österreicherin, schließt sich uns an. In der Dunkelheit sind die Straßen fast menschenleer. Kein Bus! Kein Lkw! An der Brücke am Ortsrand Lhasas treffen wir ein paar wartende Tibeter. Wir gesellen uns hinzu. Langsam vertreibt das Tageslicht die Nacht. In der Nähe der Brücke soll sich der Exekutionsplatz Lhasas befinden und mit Schaudern denke ich an all die Gräuel, die in diesem Land passiert sind und immer noch passieren.

Endlich kommt ein Lkw und wir steigen mit den Tibetern auf die Ladefläche. Der unbefestigte Weg ist holprig und pulvertrocken. Der Lkw hüpft und schaukelt. Im Stehen können wir die Stöße am besten abfangen. Bei Gegenverkehr und bei Überholmanövern rieselt mehlfeiner Staub auf uns hernieder und bedeckt uns schnell mit einer grauen Schicht. Die gläserne Bergwelt ringsum spiegelt sich im kristallklaren Wasser der Tümpel am Zangpo-Fluss.

Nach einstündiger Fahrt sind wir froh, absteigen zu können. Eine dreistündige Wanderung steht uns bevor. Zusammen mit Lumpi laufe ich los, während Ellen einen Lkw mit Pilgern anhält, der die Serpentinen hinaufschnauft. Lumpi und ich kommen nur Schritt für Schritt voran, immer wieder schnappen wir nach Luft. Endlich liegt die Klosteranlage hoch oben in einem halbrunden Hang vor uns. Wir schauen auf einen Platz der Verwüstung. Zwischen den Ruinen stehen ein paar Klostergebäude. In der uralten Klosterküche lädt uns der Küchenmönch zu einer Schale Tee ein. Wir erklimmen den Bergkamm hinter der Anlage und entdecken auf der anderen Hügelseite einen Pilgerpfad, der sich dünn am Hang entlang und rund ums Kloster zieht. Der Blick ins Tal ist weit und traumhaft. Wie bei einer Luftaufnahme zeichnen sich die Konturen der leicht gewellten, samtbraunen Ebene unter uns ab.

Am Fuße der Klosteranlage halten die Lkw-Fahrer vor einem ebenerdigen Raum an. Dort schlafen wir unter Steppdecken, die für die Gäste bereitliegen.

Am nächsten Morgen steigen wir ins Tal ab. In einem Lkw der chinesischen Befreiungsarmee fahren wir bis kurz vor Lhasa und steigen in einen überfüllten Bus um. Die Füße finden kaum Platz. Nach Lhasa zurückgekehrt, bricht ein Tag der Erholung an. Ich dusche, wasche die Wäsche und gehe ausgiebig essen.

Sera und

Drepung

Die Klosterstadt Drepung liegt sieben Kilometer außerhalb Lhasas am Fuße eines 5600 Meter hohen Berges. Eines Morgens trampe ich mit einem Lastwagen dahin. Der erste Tempel unterhalb der Anlage enthält apokalyptische Fresken, alt, verblichen und gedunkelt. Durch die von stattlichen Mönchsklausen gesäumten Gassen steige ich den Berghang zu weiteren Tempeln auf. Die Mönche scheinen ausgeflogen zu sein. Die Gassen sind menschenleer.

Riesige vergoldete Statuen auf hohen Podesten erhellen die düsteren Hallen in den Tempeln. Tsongkhapa (1357 – 1419), der Gründer des Klosters und des Gelbmützenordens, ist mehrere Male dargestellt, ebenso die Buddhas der drei Zeiten. Manjushri, der Bodhisattva der Weisheit, und Tara, eine weibliche, von den Tibetern als Retterin verehrte Gottheit, stehen neben unzähligen großen und kleinen Statuen.

Drepung entwickelte sich zum größten Kloster Tibets. 10 000 Mönche studierten vor der Invasion der Chinesen im 20. Jahrhundert an den vier Fakultäten der Klosteruniversität, die über die Jahrhunderte große Gelehrte hervorbrachte. Die Äbte des Klosters, die Lamas, waren mächtig und nahmen Einfluss auf die Entscheidungen der Dalai Lamas. Während der Kulturrevolution wurde Drepung vom Verwüstungswahn der Roten Garden verschont, Ganden wurde dem Erdboden gleichgemacht. Auch Sera kam nicht ungeschoren davon.

Am Mittag, als mein Hunger am größten ist, komme ich an der Klosterküche vorbei. Ein paar Leute stehen vor der Tür und zwei Mönche füllen ihre Thermoskannen mit Buttertee. Sie überreichen mir eine Schale mit dem salzigen Getränk. Den Joghurt, den sie zubereitet haben, wollen sie mir leider nicht verkaufen. Ich kehre nach Lhasa zurück und schlendere über den bunten Markt, hole mir Pellkartoffeln und gekochte Eier, esse und werde endlich satt.

Ein Lkw setzt mich am nächsten Tag vor der Klosterstadt Sera ab. In einem der Tempel hängen uralte Thangkas von der Decke. Auf den Leinenstoffen sind Mandalas, Buddhas, Schutzgottheiten und Lamas dargestellt. Sie zeigen Padmasambhava, der den Buddhismus nach Tibet brachte, und den großen Reformator Tsongkhapa.

Drepung, Sera und Ganden mit ihren Klosteruniversitäten werden als die drei Säulen Tibets bezeichnet.

Auf verbotenen Wegen: Mit dem Lkw von Lhasa nach Golmud

Auf verbotenen Pfaden verlassen die meisten Rucksackreisenden Lhasa. Kaum jemand nimmt den vorgeschriebenen Flug. Alle möchten Tibet auf dem Landweg verlassen, um mehr vom Dach der Welt zu sehen: die ausgedehnten Hochebenen, die Pässe, die den Himmel berühren, das Grasland, wo Nomaden in schwarzen Zelten leben und ihre Yak-Herden hüten. Sie möchten die Abgeschiedenheit einer mystischen Region erfahren. Es gibt Berichte von Entdeckungsreisenden, die Tibet auf abenteuerliche Art und Weise erkundet haben. Kaum jemand, der das Buch des österreichischen Bergsteigers Heinrich Harrer nicht kennt:»Sieben Jahre in Tibet«. Mit seinem Landsmann Peter Aufschnaiter erreichte er im Januar 1946 die Stadt Lhasa. In Indien gestartet, legten die beiden 2100 Kilometer zu Fuß zurück und überwanden unzählige über 5000 Meter hohe Pässe. Sie durften für die tibetische Regierung arbeiteten und Harrer unterrichtete den damals elfjährigen Dalai Lama. Das Buch wurde verfilmt.

Die Französin Alexandra David-Neel studierte im Kloster Kumbum und konvertierte zum Buddhismus. Mit ihrem Reisegefährten Yongden, einem jungen Lama, durchquerte sie kurz nach dem Ersten Weltkrieg auf abenteuerliche Weise das Qinghai-Tibet-Plateau und erreichte Lhasa, die damals für Ausländer bei Todesstrafe verbotene Stadt. Sie verkleidete sich als tibetische Frau und schmierte sich Fett und Ruß ins Haar und ins Gesicht, sodass sie als Europäerin unerkannt blieb. Ihre Bücher zählen zu den Klassikern der Reiseliteratur.

Sven Hedin (1865 – 1952), der schwedische Forscher, war der erste Europäer, der Anfang des 20. Jahrhunderts den Kailash in Westtibet erreichte, den heiligen Berg der Buddhisten, Hindus und Jainas. Er schrieb unter anderem das Buch»Abenteuer in Tibet, 10000 Kilometer auf unbekannten Pfaden«.

Jeder, der hierherkommt, spürt das Außergewöhnliche dieses Platzes. Er atmet die dünne Luft. Über sich erblickt er einen azurblauen Himmel. In dem hellen Licht der Hochebene wirken die Berge in der Ferne transparent und schwerelos, jeder Grashalm ist scharf gezeichnet, Erdkrumen stechen hervor, die einzelnen Erscheinungen wirken gläsern und empfindlich. In dieser unwirklich erscheinenden Welt soll Shangri-La liegen, ein Paradies auf Erden. Bereits in frühen buddhistischen Schriften ist von diesem Paradies als Quelle der Weisheit die Rede. 1933 erschien der Roman»Lost Horizon« von James Hilton. Er beschreibt das Leben westlicher Klosterbewohner in einem

Shangri-La in der Nähe eines Passes im Himalaja. Die Bewohner haben der Zivilisation den Rücken gekehrt, führen ein beschauliches Leben und werden steinalt.

Die Tibeter wissen, wie sie in dem harschen Klima überleben können Sie essen Tsampa, geröstetes Gerstenmehl, und sie trinken Buttertee. Dem Himmel so nah, üben sie ihren Glauben mit Leidenschaft aus. Jede alltägliche Handlung soll, so scheint es mir, dem Höheren dienen. Fortgesetzt drehen sie ihre Gebetsmühlen und murmeln ihre Mantras, um den Geist zu reinigen. Vor ihren Heiligtümern werfen sie sich in den Staub. Sie lieben den Dalai Lama, ihr geistiges Oberhaupt. Sie setzen alles daran, ihn einmal im Leben zu sehen. Sie wandern über den Himalaja nach Indien und riskieren dabei ihr Leben. Ihre eigene Kultur ist ihnen wichtiger als die Infrastruktur und der damit verbundene wirtschaftliche Aufschwung, den die Chinesen ihnen bescherten. Die Tibeter sind fröhlich, herzlich und spirituell.

Wir, die ausländischen Besucher Lhasas, finden es spannend, die Reisebestimmungen zu umgehen, um wenigstens drei oder vier Tage über das Dach der Welt zu fahren durch die einsame Weite eines uns fremden Naturgebietes. Wer weiß, vielleicht würden wir das geheimnisvolle Shangri-La entdecken. Jeder von uns sucht eine Mitfahrgelegenheit in einem Lkw nach Golmud. Die Fahrt soll 45 Yuan kosten, etwa 20 Euro.

Die Strecke von Lhasa nach Golmud ist etwa 1150 Kilometer lang. Golmud liegt 2800 Meter über dem Meeresspiegel im Süden des Qaidam-Beckens am Fuße des Kunlun-Gebirges, das das Qinghai-Tibet-Plateau im Norden begrenzt. Öffentliche Busse gibt es auf dieser Strecke noch nicht. Nur Lastwagen stellen eine Überlandverbindung von Tibet ins Reich der Mitte her. Niemand ahnt zu diesem Zeitpunkt, dass die Chinesen eines Tages die Lhasa Bahn bauen. Die höchste Eisenbahnstrecke der Welt, eine Glanzleistung der Ingenieure, wird im Juli 2006 eingeweiht.

Die Lastwagen transportieren Waren nach Lhasa und parken auf einem Platz außerhalb der Stadt. Ich gehe dahin, um eine Mitfahrgelegenheit zu organisieren. »Komm morgen um 9.30 Uhr wieder!« sagt ein Mann, der in einem Holzhäuschen sitzt.

Friedlich und verlassen stehen die Lkw am nächsten Morgen auf dem Platz. Eddie, ein Schweizer, und Rupie, ein Deutscher, warten seit 5.00 Uhr auf eine Mitfahrgelegenheit. Sie treiben zwei Fahrer auf, die sich heute auf die lange Reise nach Golmud begeben wollen. Eddie und Rupie nehmen in dem einen Lkw Platz, ich in dem anderen. Allein sitze ich bequem!

Die beiden Fahrer kochen hinten auf der Ladefläche eine Nudelsuppe, essen lange und ausgiebig und werfen endlich die Motoren an. Ein paar Stunden später bockt ein Motor und muss repariert werden. Wir sitzen derweil in einem einfachen Straßenrestaurant und stärken uns. Am späten Nachmittag erst fahren wir weiter. Ab und zu passieren wir tibetische Dörfer, die am Fuße der Berghänge liegen. Nomaden haben ihre dunklen, großen Zelte in der Weite der Landschaft aufgeschlagen, Yakherden grasen, Schafe heben sich hell gegen die zotteligen, schwarzen Yaks ab. Schneebedeckte Berge tauchen auf, die Landschaft ist grandios! Der Himmel ist nah und zu Recht spricht man vom »Dach der Welt«.

Gegen Mitternacht stoppen unsere Fahrer an einer kleinen Herberge in der Einsamkeit. Sie schlafen auf den Ladeflächen ihrer Brummer, wir für je zwei Yuan in den sauberen und warmen Betten des Hotels. Einen Wasserhahn gibt es nicht. Wir können uns noch nicht einmal die Hände waschen. Um 7.00 Uhr soll es weitergehen und wir stehen parat, aber die Fahrer schlafen noch. Zum Frühstück essen sie ihre Nudelsuppe unter einem bedeckten Himmel. Es ist eiskalt, vereinzelte Schneeflocken schweben und torkeln hernieder. Endlich kommt die Sonne hervor und wir fahren los. Die bis hierher gute Asphaltstrecke ist abrupt zu Ende; auf einem wilden Pistenweg schlingern und holpern wir einen Pass hoch. Der Himmel ist wieder grau, die Grasbüschel tragen Schneehauben. Ein eisiger Wind weht über das Land. Mein Fahrer ist Gott sei Dank kein Frischluftfanatiker und schließt sein Fenster. Durch die schwache Heizungsluft, die vom Fond aufsteigt, ist die Kälte im Führerhaus soeben zu ertragen. Der Pass soll über 5000 Meter hoch sein, die Luft ist dünn, das Atmen fällt schwer, das Rauchen einer Zigarette ist nicht mehr möglich.

Wir rumpeln hinunter in die Ebene und halten in einer Siedlung vor einem von Moslems geführten Restaurant. Die Nudeln mit dem mageren Rindfleisch schmecken lecker und wir essen uns satt. Weitere Hüttenrestaurants säumen die Durchgangsstraße. Drei mit Pilgern beladene Lkw, die auf dem Weg nach Lhasa sind, halten an. In Gruppen hocken sich die Menschen auf den Boden, entzünden ein Feuerchen und erhitzen ihren Buttertee. Sie vermischen Tsampa, das Gerstenmehl, mit dem Tee und rollen es zu mundgerechten Kügelchen. Die überraschende Ankunft dieses Pilgerzugs empfinde ich wie ein Geschenk des Himmels.

Am späten Abend tanken unsere Fahrer in einem Dorf. Eine Herberge dürfte nicht weit sein. Doch wir setzen die Fahrt fort. Fahren wir etwa durch bis Golmud? Aus irgendeinem Grund scheint mein Fahrer plötzlich schlechte

Laune zu haben. Er guckt finster geradeaus und schleicht die Piste entlang. Die Heizung gibt kaum Wärme ab, mir ist, als wenn ich bei minus zwanzig Grad Celsius im T-Shirt auf einer Eisfläche säße. Plötzlich hält der Fahrer an, zieht sich dicke Pullover und Hosen an und überlässt mir seinen grünen, wattierten Wintermantel, in den ich mich vermumme. Er schnauft und grunzt, einem Schwein nicht unähnlich, und ist wieder fröhlich. Dann setzt er sich hin, schläft ein und schnarcht.

Der Wattemantel rettet mich vor dem Erfrieren. Ich nicke ein, bis die eiskalten Füße das Schlafen nicht mehr zulassen. Meinem Fahrer mag es ähnlich ergehen, denn auf einmal wacht er auf, wirft den Motor an und fährt bis zu seinem Kumpel vor, der mit seinem Lkw auf der Piste steht und schläft. Wir halten wieder an und mein Fahrer schläft weiter.

Der Tag bricht an, es wird hell. Der Lkw, in dem Eddie und Rupie die Nacht verbracht haben, streikt schon wieder. Unser Lkw schleppt ihn ab. Die Tour dauert kaum eine Viertelstunde, als wir anhalten und »die beiden faulen Sauen«, wie Eddie in seinem Schweizer Deutsch sagt, schon wieder schlafen müssen. Eddie und Rupie sind zornig. Sie wären fast erfroren. So ein Wahnsinn! In der letzten Siedlung hätte es eine Herberge gegeben. Das warme Bett war nicht fern. In der Eiseskälte haben beide kein Auge zugetan. Teiche und Tümpel sind tief zugefroren, die Bäche haben Eisränder.

Irgendwann im Laufe des Tages erreichen wir einen chinesischen Militärposten. Vor den Kasernen der Armee – Eddie nennt die Soldaten »Paviane« – versuchen unsere beiden »faulen Sauen«, den Motor zu reparieren und wir laufen fröstelnd zum nächsten Restaurant, um dort ausgiebig zu essen. Wir warten lange, bis das wärmende Mahl endlich auf dem Tisch steht.

Eines muss man den Asiaten aber lassen: Sie bringen jede noch so brüchige Karre wieder in Gang, und wenn sie in den Tank spucken! Sie basteln und fummeln, schneiden Dichtungen aus Gummi zu und beenden jede noch so hoffnungslos erscheinende Reparaturmaßnahme erfolgreich. Die Sonne geht schon fast unter, als wir endlich weiterfahren.

Die lange Abfahrt hinunter nach Golmud erleben wir leider in der Nacht. Der noch fast volle Mond geht im Osten auf und taucht die Bergwelt in silbernes, bleiches Licht. Kurz vor Mitternacht erreichen wir Golmud, eine chinesische Stadt, die etwa 2800 Meter über dem Meeresspiegel liegt. Die beiden Fahrer wollen uns an einem kleinen, chinesischen Hotel absetzen, doch sie erhalten das Fahrgeld erst, als wir an Ort und Stelle sind: im Touristenhotel von Golmud.

Drei Tage lang haben wir kein Wasser gesehen. Wir konnten uns noch nicht einmal die Hände waschen. Ich suche das Badezimmer, stehe vor dem Waschbecken, drehe den Hahn auf und dann das: Es läuft kein Wasser! Nein! Und dann die Betten in den Zimmern: Die Laken starren vor Schmutz, sie sind grauschwarz. Ich mag noch nicht einmal meinen Schlafsack darauf legen und werfe die Laken auf den Boden. Auf der bloßen Matratze breite ich meine Schlafsachen aus und fühle mich angesichts des Drecks unwohl wie selten in meinem Leben. Für diesen umwerfenden Komfort kassiert das Hotel frech fünf Yuan von jedem. Golmud kann mit Sehenswürdigkeiten nicht aufwarten. Am nächsten Tag geht die Reise weiter. Eddie, Rupie und ich steigen in den Zug.

In der Provinz Qinghai

Xining, die Hauptstadt

Der Zug von Golmud nach Xining bummelt gemächlich durch die Wüste und kommt manchmal an einsam gelegenen Bahnhöfen vorbei. Ein paar Fahrspuren laufen auf die Bahnhöfe zu, weit und breit ist kein Dorf zu sehen, kaum ein Mensch lässt sich blicken. Am Nachmittag durchfahren wir ein Steppengebiet, in dem Büsche, Disteln und Grasbüschel wachsen. Wilde Kamele gucken dem Zug nach, ab und zu stehen die Zelte und Jurten der Nomaden im Gelände. Am späten Abend weist uns der Schaffner Plätze im Liegewagen zu und endlich können wir die müden Glieder ausstrecken.

Wider Erwarten laufen wir schon morgens um 11.00 Uhr in Xining ein, der 2260 Meter hoch gelegenen Hauptstadt der Provinz Qinghai. Mit einem dreirädrigen Sammeltaxi lassen wir uns zum Xining-Hotel bringen, und nun gibt es nur noch drei Dinge, die uns interessieren: duschen, essen und shoppen. Die Läden sind reichhaltig bestückt, sogar gut schmeckende chinesische Schokolade entdecke ich. Auf den Straßen bieten Händler frischen Joghurt in Tonschalen an. Es gibt hervorragendes helles Brot, ähnlich einem Brötchen, das mit Salz und Gemüse gewürzt ist. – Die Beamten verlängern mein Visum um stattliche vier Wochen – kein Problem! Nur Eddie hat Schwierigkeiten. Er hat einen Stempel mehr im Pass. Sein Visum verlängert man nicht.

Klosterfest im Kloster Kumbum (Ta'er Si), Qinghai

Die Klosterstadt Kumbum ((Ta'er Si)

Erst nachmittags nehmen wir einen der letzten Busse zum lamaistischen Großkloster Kumbum. Nach einer Stunde Fahrt über eine vom Regen verschlammte Piste erreichen wir unser Ziel. Die Dunkelheit ist angebrochen, die Klosterherberge scheint ausgestorben zu sein. Ein einziges Licht brennt und ein Mönch lässt uns ein.

Die Herberge ist eine der schönsten der Welt, nicht vom Komfort, sondern von der Gestaltung und der Atmosphäre her. Um einen Innenhof gruppieren sich die Zimmer des zweistöckigen Hauses und öffnen sich zu den umlaufenden Veranden hin. Holzgeschnitzte Säulen tragen das Dach, jede Tür ist bunt bemalt. Wenn es morgens und abends zu dieser fortgeschrittenen Jahreszeit nicht so furchtbar kalt wäre, würde ich mich ein Weilchen hier niederlassen, mich entspannen und über das Leben nachdenken.

Das Kloster ist der Geburtsort Tsongkhapas (1357 – 1419), des Gründers der Gelbmützensekte.»Kumbum« ist der tibetische Name und bedeutet »Kloster der Hunderttausend Bilder Maitreyas«. Dort, wo Tsongkhapa geboren wurde, soll ein Baum mit unzähligen Blättern gewachsen sein. Auf den Blättern zeichnete sich das Bildnis Maitreyas ab.

Die Chinesen nennen den Ort »Ta'er Si«, Pagoden-Kloster, denn die Mutter Tsongkhapas errichtete eine Pagode an der Stelle, an der sie die Plazenta verlor. Nach und nach vergrößerten die Gläubigen die Klosteranlage. Sie enthält heute sechs große Tempel. Einst lebten hier 4000 Mönche. Am Eingang des Klosterbezirks fallen die acht großen Stupas auf. Sie stehen in einer Linie und erinnern an den achtfachen Pfad, den Weg zur Erleuchtung.

Viermal findet im Jahr ein großes Fest statt, und zu diesem sind wir glücklicherweise gerade richtig gekommen: Tibetische Pilger drängen sich in ihren schönen Trachten in Innenhöfen, Gebetshallen und Gängen: Sie zelebrieren ein dreitägiges Fest. Die Menschen haben sich herausgeputzt. Sauber gewaschen glänzt ihr Haar. Einige umrunden den Klosterbezirk, indem sie sich Körperlänge für Körperlänge auf den Boden werfen. Am Nachmittag führen die Mönche Maskentänze auf, die den Kampf zwischen dem Guten und dem Bösen darstellen. Wie im Märchen siegt zum Schluss das Gute.

Eddie und Rupie sind schon gestern nach Xi'an weitergefahren. Gerade will ich aufbrechen, als ich plötzlich Lumpi und Ellen gegenüberstehe. In Lhasa haben sie drei Tage auf einen Lkw gewartet und wurden hinten auf der Ladefläche versteckt. Der Fahrer sei durchgebraust und in 28 Stunden in

Die schönste Herberge der Welt im Kloster Kumbum, Qinghai

Golmud gewesen. Ich bleibe und leiste den beiden Gesellschaft. Das Kloster ist plötzlich wie ausgestorben, die Tibeter sind heimgefahren, das Fest ist zu Ende.

Lumpi, Ellen und ich fahren gemeinsam im Bus zurück nach Xining. In Sekundenschnelle platzt er aus allen Nähten. Die Plätze sind besetzt und die Leute drängen sich im Gang. In Xining angekommen, stürzen wir zum Nachtmarkt. Wir essen hier etwas für zehn Fen und dort etwas für zwanzig Fen: Brot, Nudelsuppen, gefüllte, in Dampf gegarte Teigtaschen, Bohnencreme, Tofu, Joghurt. Ein Schlaraffenland! Ein Jammer, dass ich irgendwann satt bin und mich kaum noch rollen kann.

Ich besorge mir eine Fahrkarte für die vierzigstündige Zugfahrt nach Kaifeng. Tief beeindruckt von den tibetischen Klöstern, seinen Menschen und von der Landschaft auf dem Dach der Welt, verlasse ich diesen Kulturkreis und wende mich wieder China zu.

Im Osten und Südosten Chinas

Die alte Stadt Kaifeng am Gelben Fluss

Zwei Nächte und einen Tag verbringe ich in der Holzklasse auf dem »harten Sitz«. Der Zug schuckelt durch Schluchten und Tunnel. Erst am späten Nachmittag erreichen wir Xi'an, das auf dem Weg nach Kaifeng liegt. Ellen und Lumpi haben Plätze im Liegewagen. Ich schlage mich zu ihnen durch darf aber nicht lange bleiben, weil mich der Schaffner vertreibt. Sogar im Speisewagen geht er mir auf den Geist; Fahrgäste aus der Holzklasse haben hier nichts zu suchen.

Ellen und Lumpi steigen in Luoyang aus, um die berühmten buddhistischen Höhlen zu besuchen, und ich erreiche Kaifeng etwa fünf Stunden später. Kaifeng liegt am Gelben Fluss und ist die alte Hauptstadt mehrerer Dynastien. Sie ist seit 3000 Jahren bekannt.

In der Song-Zeit, 1049, entstand die 54 Meter hohe »Eisenpagode«, das älteste Bauwerk der Stadt, das alle Überschwemmungen überstand. Mit dreizehn Stockwerken strebt die Pagode majestätisch in den Himmel und überragt die Bäume des Parks.

Ein anderes Relikt der Vergangenheit ist das Xiangguo-Kloster aus dem Jahr 555, sein heutiges Gesicht erhielt es im 18. Jahrhundert. Ein tausendarmiger Buddha, der Buddha des Mitgefühls, sitzt im Inneren einer Halle, Maitreya, der Buddha der Zukunft, in einer anderen. Er meditiert zwischen vier grimmig aussehenden himmlischen Wächtern, die die bösen Geister vertreiben. Im Stadtkern Kaifengs säumen rotlackierte Holzhäuser die Straßen. In der einstigen Prachtmeile reiht sich Laden an Laden und die Besitzer stellen Werbetafeln in chinesischer Schrift auf, um die Vorübergehenden anzulocken.

Abends findet ein großer Nachtmarkt mit herrlichen Essständen statt: Tofu-Suppen und frisch gebackene Brotfladen duften, Nudelsuppen mit Fleischstückchen und Gemüse sehen verführerisch aus, gekochte Eier stehen im Angebot. An Textilständen können sich die Menschen neu einkleiden. In einer Ecke des Marktes bieten Händler Tische, Stühle und Schränke an. Das Gedränge ist noch schlimmer als tagsüber, doch weil die Atmosphäre so gut ist, macht es niemandem etwas aus. Kaifeng ist eine sehr erfreuliche Stadt, in der man sich gerne aufhält.

Die Eisenpagode in Kaifeng, Henan

Im Kaifeng-Guesthouse schlafe ich in einem Dreibettzimmer für zehn Yuan. Tagsüber fließt heißes Wasser. Was kann es Schöneres geben nach einer langen Zugfahrt, auf der man schwarz wird wie ein Mohr. In der dritten Nacht teile ich das Zimmer mit einer Chinesin, die gut Englisch spricht. Sie meint: »Die Chinesen, Alte und Junge, sind zufrieden mit der Regierung. Sie hat das Land dem Westen gegenüber geöffnet und ist bereit, von anderen Ländern zu lernen. Viele Jugendliche nutzen ihre freie Zeit, um zu studieren und sich weiterzubilden.« Sie hat recht, mit China geht es aufwärts, erstaunlich schnell sogar.

Zum Huang Shan – eine Wanderung in den Gelben Bergen

Um 11.30 Uhr fährt der Zug von Kaifeng nach Hefei ab und ist ungefähr zwölf Stunden später kurz vor Mitternacht da. Ich beschließe, im Wartesaal am Bahnhof zu schlafen, denn es ist viel zu spät, um nach einem Hotel zu suchen. Außerdem will ich in den frühen Morgenstunden um 6.00 Uhr mit dem Bus zum Huang Shan, den Gelben Bergen, weiterfahren.
Kurz vor sechs erhalte ich eine Fahrkarte zu den Gelben Bergen und lasse mich an einem der Frühstücksstände nieder, um noch ein Süppchen zu schlürfen, als eine Angestellte des Bahnhofs herbeieilt: Schnell! Der Bus fährt ab! Sie drängt und ich laufe zum Bus. Ohne die Aufmerksamkeit der jungen Frau hätte ich ihn verpasst. Er ist klimatisiert. Bequem sitze ich vorn auf einem Einzelsitz. Ab Mittag durchfahren wir eine Berglandschaft in strahlendem Sonnenschein. Das Huang-Gebirge taucht auf, bläulich, markant und riesig, eine gezackte, himmelhohe Wand. Um 15.00 Uhr kommen wir im Touristenresort an, beiderseits der Schlucht liegen Hotels an den Hängen. Ich buche ein Zimmer und esse in einem der Hüttenrestaurants an der Straße. Es mag noch keine 20.00 Uhr sein, als ich im Bett liege und wie ein Klotz schlafe.
Die Gipfel des Huang Shan ragen bis zu 1860 Meter in den Himmel. Während der Zweitageswanderung bin ich umgeben von himmelhohen Klippen und einem Königreich aus Stein. Die Äste und Zweige der Pinien hängen über den Abgründen. Knorrige Kiefern krönen bizarre Felsen. Aus dem Wolkenmeer in der Tiefe steigen Dunstfahnen auf und verschleiern Bäume und Berge. Steile Stufen und Kerben im Fels führen zum Gipfel hoch. Unzählige chinesische Touristen und ich nehmen die Mühsal auf sich, Tausende Stufen auf- und abzusteigen, um eine der schönsten Gebirgsgegenden Chinas zu

genießen. Sie hat Landschaftsmalern als Vorlage gedient. Die Wirklichkeit erscheint mir selbst wie eine Malerei! Es kommt mir vor, als wandere ich durch ein chinesisches Gemälde.

Papier, Pinsel, Tusche und Tuschstein gehören zur Grundausstattung eines chinesischen Malers und Kalligrafen. Zusammen mit dem roten Stempel, der den Namen des Künstlers trägt, bilden die Malerei, das klingende Gedicht und die Kalligrafie eine Einheit. Der Künstler malt und schreibt auf Seiden- und Papierrollen. Jeder Strich muss sitzen, denn eine Korrektur ist nicht möglich. Leere Stellen im Bild sollen der Fantasie des Betrachters Raum geben. Der während der Song-Zeit lebende Maler, Dichter und Kalligraf Su Shi (1036 – 1101) schrieb bildhafte Gedichte und malte poetische Bilder. Lyrik und Malerei sind die Geschwister der Kunst. Chinesische Landschaftsmalereien sind Ausdruck eines Naturerlebnisses. Berg, Fluss, Baum oder Pflanze stehen im Vordergrund. Die Konturen im Hintergrund verschwimmen im Nebel und geben dem Bild die räumliche Tiefe.

Die Landschaftsbilder sind im Gegensatz zu Vogel- und Blumenbildern fast farblos. Sie bestehen aus einer Komposition von Linien. Der trockene Pinselstrich entspricht der taoistischen Yang-Kraft, dem Männlichen. Er ist klar und hell. Der nasse Pinselstrich entspricht der Yin-Kraft, dem Weiblichen. Er ist dunkel und unscharf. Die Tuschbilder, die den Bambus zum Thema haben, sind einfach und elegant in der Linienführung.

Die Felskronen und Spitzen im Huang Shan tragen klangvolle Namen: Da gibt es den »Herbeigeflogenen Fels«, den »Gipfel des alten Mannes«, den »Gipfel der Lotusblüte« und den »Gipfel des Strahlenden Lichts«, den »Löwengipfel« und den »Gipfel der Himmlischen Hauptstadt«, die »Wolkenleiter der einhundert Stufen« und das »Nördliche Wolkenmeer«. Poesie durchdringt die Welt am Huang Shan und ein Schleier der Poesie liegt über ganz China. Ich bin umgeben vom Singsang der liedhaften chinesischen Sprache. Die Eltern taufen ihre Kinder auf klangvolle Namen wie Schatz (Bo), Grüne Jade (Bi), Anmut (Chan), Tugend (De), Gipfel (Feng) und Osten (Dong). Eine lyrische Komponente schwingt im oftmals harten Leben der Menschen, die der Kommunismus nicht aufzulösen vermochte.

In einem der Gästehäuser am Wegesrand verbringe ich die Nacht und kehre am nächsten Tag zurück ins Touristenresort. Schon am Abend kaufe ich mir eine Busfahrkarte nach Shanghai.

Im Huang Shan, in den Gelben Bergen, Anhui

Wanderung in den Gelben Bergen, Anhui

Über Shanghai und Xiamen zurück nach Hongkong

Um 5.30 Uhr in der Frühe fährt der Bus ab. Gegen den Nebel, der im Tal liegt, und die Kälte, die jetzt, Ende Oktober herrscht, kommt die Sonne stundenlang nicht an. Erst mittags, als wir vor einem Restaurant anhalten, um zu essen, wird das Wetter freundlicher. Gegen 18.00 Uhr erreichen wir Shanghai. Einen Platz zum Schlafen finde ich im Schlafsaal des Pujiang Guesthouses. Es liegt in der Nähe vom Bund.

Mein letztes Reiseziel auf dieser Tour soll die Hafenstadt Xiamen sein. Sie liegt in der südlichen Provinz Fujian Taiwan gegenüber. Das Boot, das ich nehmen möchte, fährt nur samstags. Ich habe für Shanghai ein paar Tage Zeit und schlendere wie vor zwei Jahren über den Bund und trinke im Peace Hotel den besten Kaffee Chinas. Ich schlendere durch die Altstadt, besuche ein bekanntes Teehaus, einen Pavillon, um aus braunen Tonschalen grünen Tee zu trinken.

Samstagabend steige ich auf das Nachtboot, das mich in 17 Stunden von Shanghai nach Xiamen bringt. In einer Woche will ich das Anschlussboot nach Hongkong nehmen. Seit einem Jahr gibt es diesen bequemen Trip, von dem kaum jemand etwas weiß.

Ich unterhalte mich mit einem Kanadier und mit einem Chinesen, der Englisch und sogar ein bisschen Deutsch spricht. Er spielt Violine und mag klassische Musik. Für das Essen müssen wir lange anstehen. Es besteht aus einem Schlag Reis mit Schweineschwarte und Möhrenstückchen, nach denen ich suchen muss. Das Mahl ist fast ungenießbar.

In der Hafenstadt Xiamen ist der wirtschaftliche Aufschwung nicht zu übersehen. Deng Xiaoping erklärte die Region 1981 zur Sonderwirtschaftszone. Neue Technologien aus dem Ausland wurden eingeführt, das Management verbessert. Die Industriezweige des Maschinenbaus, der Elektronik und der Chemie wurden ausgebaut. Viele ausländische Waren liegen in den Kaufhäusern und Läden aus. Auf dem üppig florierenden Schwarzmarkt tausche ich mein Touristengeld 100 zu 150.

Xiamen, auch Amoy genannt, liegt am Jiulong-Fluss auf einer Insel und ist durch einen Damm mit dem Festland verbunden. Alte Häuser in europäischem Stil säumen die Straßen. Von einem Aussichtspunkt blicke ich über die Stadt und die vielen kleinen Inseln im Meer und erlebe zum Abschluss meiner zweiten Chinareise einen leuchtenden und romantischen Sonnenuntergang.

Sonnenuntergang am Jangtse in Chongqing

Nachwort

Dem »neuen Menschen«, den Mao Zedong hatte schaffen wollen, war ich nicht begegnet. Ich traf die Menschen in ihrem Alltagsleben, den Händler, die Köchin, die Kellnerin, den Rikscha-Fahrer, die Bediensteten in Behörden und Hotels, Menschen, die sich freuen, lachen, sich sorgen, leiden und weinen, lieben und hassen – wie überall auf der Welt. Der chinesische Normalbürger ist erdverbunden, er interessiert sich eher für die über Jahrhunderte entwickelten kulinarischen Genüsse seines Landes als für die Ideologie des Kommunismus, glaube ich. Eine der ersten Fragen bei der Begrüßung lautet: »Hast du schon gegessen?« Die ideologischen Belehrungen, zu denen er verdonnert wird, lässt er über sich ergehen, um anschließend seinen Geschäften nachzugehen. Man muss die Chinesen nur walten und schalten lassen und sie werden ihr Kapital mehren, und sei es noch so klein.

In der ersten Hälfte des 20. Jahrhunderts herrschten Krieg und Chaos, bis die Volksrepublik China ausgerufen wurde. Unter Mao Zedong schlossen sich zwei Jahrzehnte des Terrors an. Erst unter Deng Xiaoping brach eine Zeit der inneren Ruhe und des Friedens an. Mit Feuereifer begannen die Menschen ihr geliebtes Mutterland aufzubauen.

Ein junger Koreaner, den ich auf einer meiner späteren Chinareisen traf, beschrieb das Wesen des chinesischen Menschen mit folgenden Worten: »Der Chinese ist wie Wasser. Wasser strömt stetig nach unten und umfließt alle Hindernisse. Im Laufe der Zeit schleift es jeden Felsen und jeden Stein. Niemals lässt es sich aufhalten.« Dieses Bild entwarf bereits Laotse in seinem »Buch vom Weg des Lebens«: Wasser als Yin-Kraft, weich, von selbst fließend und passiv und letztlich stärker als Yang und unbesiegbar. Und so habe ich ihn erlebt, den chinesischen Menschen: Unter der Fuchtel der Obrigkeit spurt er und guckt lammfromm in die Luft, aber sobald die Kontrolleure außer Sicht sind, macht er, was er will.

Es vergingen zehn Jahre, ehe es mich wieder nach China verschlug. Überrascht stellte ich fest: Das Land der Achtzigerjahre gab es nicht mehr. Ein Bauboom ohnegleichen hatte eingesetzt, in den großen Städten entstanden Wolkenkratzer mit blau glasierten Fassaden, auf denen die goldenen, chinesischen Schriftzeichen prangten. Die staubigen Warenhäuser wurden zu Konsumpalästen umgebaut, gleich neben dem Eingang fiel die Kosmetikabteilung ins Auge. Die Damen machten sich nun chic, gingen zum Friseur und trugen einen Rock..

1994 radelte ich mit meinem damaligen Freund von Indien über Pakistan nach China. Über den Karakorum Highway, der über den 4700 Meter hohen Khunjerab-Pass führt, erreichten wir das Reich der Mitte im hohen Nordwesten. Die Oasenstadt Kashgar am Rande der großen Taklamakan-Wüste, 1980 striktes Sperrgebiet, war jetzt offen. Sogar die Südroute um die Taklamakan war frei zugänglich. Zehn Jahre zuvor hatte sich die Tür einen Spalt weit geöffnet und nun stand sie sperrangelweit offen. Nur die autonome Region Tibet ist nach wie vor ein hochsensibles Gebiet, das offiziell über Land von Nepal oder mit dem Bus oder Zug von Golmud aus zu erreichen ist.

Ich erlebte ein China, von dem die Medien im Westen kaum berichten, von den Problemen einer Regierung zum Beispiel, die eine Milliarde Menschen in Brot und Arbeit bringen muss und weitaus erfolgreicher darin ist als Indien, wo es in allen großen Städten Slums gibt.

Der normale Mensch »da unten« weiß nicht, dass »die da oben« 1950 nach Tibet einmarschiert sind. Er weiß kaum etwas über das Massaker von 1989 in Peking. Obwohl die kommunistische Doktrin wie ein Damoklesschwert über ihm schwebt, wirkt der in seinen Alltag gestellte Mensch nicht niedergedrückt oder verhärmt. Er geht seinen Geschäften nach und versucht, etwas aus seinem Leben zu machen.

Anhang

China - Land und Leute

Nach Russland und Kanada ist China das größte Land der Erde. Der im Winter vereiste Heilongjiang im hohen Nordosten bildet die Grenze zu Sibirien, die Insel Hainan im tiefen, 4000 Kilometer entfernten Süden liegt in tropischen Gefilden. Im Nordwesten an der Grenze zu Pakistan geht die Sonne vier Stunden später auf als im östlich gelegenen Peking. China hat kontinentale Ausmaße.

Die Landmasse fällt von Zentralasien zum Chinesischen Meer im Osten ab. Das Tibet-Qinghai-Plateau liegt im Durchschnitt 4000 Meter über dem Meeresspiegel und der Mount Everest auf der tibetisch-nepalesischen Grenze überragt mit 8848 Metern alle Berge der Erde. Ein Großteil der westlichen Landmassen Chinas ist gebirgig, während der Wüstensand der Taklamakan und der Gobi den Nordwesten und den Norden ausfüllt.

China ist in 21 Provinzen (Taiwan zählt als 22. Provinz mit zum Land), fünf Autonome Regionen und vier Stadtregionen – Peking, Shanghai, Chongqing und Tianjin – aufgeteilt. In den Autonomen Regionen leben überwiegend Volksgruppen, die ihre eigene Geschichte und Kultur besitzen. Tibet, das die Chinesen 1950 eroberten, und Xinjiang, das Land der moslemischen Uiguren, die Innere Mongolei, Guangxi und die kleine Provinz Ningxia sind Autonomen Gebiete. 56 Nationalitäten siedeln im Reich der Mitte, von denen die Chinesen, die Han, die größte Gruppe bilden; 21 Ethnien haben ihre eigene Sprache und ihre eigene Schrift.

Auf den Geldscheinen, dem Renminbi oder Yuan, steht der jeweilige Wert in fünf verschiedenen Schriften und Sprachen geschrieben: Die chinesischen Schriftzeichen stehen oben auf dem Schein, in der unteren Hälfte die tibetischen und mongolischen, dann die arabischen der Uiguren und die Schriftzeichen der Zhuang.

Einige ethnische Minderheiten wie die She, die Mandschuren und die moslemischen Hui haben sich der Kultur der Chinesen angepasst, die Tibeter und Uiguren in Xinjiang begehren auf und rebellieren. Ihre Aufstände werden brutal niedergeschlagen. »Echte Chinesen« siedeln sich in Tibet und Xinjiang an, um die Anzahl der Tibeter und Uiguren in ihren autonomen Gebieten eines Tages zu übertreffen.

Die dünn besiedelten Regionen der Minderheiten in den unwirtlichen und unfruchtbaren Randbereichen Chinas umfassen mehr als die Hälfte des Landes. Die Ballungsgebiete der Han liegen in den großen Flusstälern des Jangtse und des Huang He und in den östlichen Landstrichen am Meer. Hier ist Ackerbau möglich: Nur etwa elf Prozent des gesamten chinesischen Territoriums sind dafür geeignet. China ist das Land der gelben Erde, zumindest im Norden, wo die bis zu 400 Meter dicken Lössschichten eine reiche Ernte gewährleisten. Der Wüstensand der Taklamakan und der Gobi füllt die große Provinz Xinjiang aus.

Der Jangtse bildet eine Klimascheide zwischen Nord- und Südchina; im Norden bauen die Bauern Getreide und Süßkartoffeln an, im Süden Reis.

Yin und Yang

Die Aufteilung der Welt in das Yin- und Yang-Prinzip geschah bereits im alten China, als Laotse über Himmel und Erde, über die Kräfte des Universums und die Stellung des Menschen in der Welt nachdachte und das »Tao te king«, das »Buch vom Weg des Lebens« hinterließ. Er begründete den geheimnisvollen und rätselhaften Taoismus und ist der alte, weise Mann des chinesischen Altertums. Er wurde 604 v. Chr. geboren und starb wahrscheinlich 520 v. Chr.

Die dynamischen Yin- und Yang-Kräfte standen am Uranfang der Welt, sie lichteten das vorherrschende Chaos und trennten das Oben und das Unten, den Himmel und die Erde. Yin und Yang beherrschen als konträre Kräfte die Welt und ergänzen einander: Yang symbolisiert das Licht, die Kraft, die Tat, das Männliche; Yin den Schatten und das Dunkle, das Schwache, das Passive und das Rezeptive, das Weibliche. Die weiße Kreishälfte zeigt das positive, helle, männliche Prinzip, die schwarze Kreishälfte das weibliche und dunkle Prinzip. Beide Hälften tragen schon den Keim des entgegengesetzten Prinzips in sich und beide bedingen einander. Die Gegenpole bilden eine Einheit und sind zwei Aspekte ein und derselben Wirklichkeit; sie befinden sich in einem Zustand ewiger Veränderung.

Auf dem Yin- und Yang-Konzept beruht das »I Ging«, das »Buch der Wandlungen«, ein Orakelbuch, das die Welt in 64 Hexagrammen darstellt, die aus

Yin- und Yang-Linien bestehen. Yin und Yang wandeln sich ständig: Hat das Yang seinen Höhepunkt erreicht, steigt das Yin auf und das Yang steigt ab. Dominiert das Yin, steigt das Yang auf und verdrängt das Yin. Mit Hilfe des Orakels versuchten die Alten, die auf- oder absteigende Kraft des Geschehens zu erkennen. Sie wollten in die Zukunft blicken und sich seelisch auf den Wandel der Ereignisse einstellen, eventuell hatte der Fragende die Möglichkeit, aufgrund des Orakels seine Lebenssituation zu beeinflussen.

Das »I Ging« ist der älteste der klassischen chinesischen Texte. Die Grundlage dieses Buchs ist die Weltsicht des Taoismus, obwohl seine Lehren und Mahnungen nie erwähnt werden. Die Deutungen werden Konfuzius (551 – 479 v. Chr.) zugeschrieben, einem Zeitgenossen Laotses, der wie Laotse vom »Tao«, dem »Weg«, spricht. Konfuzius ist pragmatisch, auf das Diesseits gerichtet und spricht vom »Weg der Erde«, während Laotse das Höhere im Sinn hat: Er untersucht den »Weg des Himmels«, den der Mensch einschlagen soll, um mit sich selbst und der Welt in Einklang zu leben.

Erst im zweiten Jahrhundert nach unserer Zeitrechnung entsteht der religiöse Taoismus, als der Einsiedler Zhang Daoling die Schule der Himmelsmeister ins Leben ruft. Die »Drei Reinen« nehmen die höchste Stelle in der Götterwelt ein und verkörpern das Gefüge des Kosmos. Der Mensch tritt mittels seiner Spiritualität mit ihnen in Verbindung mit dem Ziel, Unsterblichkeit zu erlangen.

Der Taoismus und der Konfuzianismus sind die beiden großen Geistesströmungen chinesischen Ursprungs, die das Denken und Handeln der Menschen für Jahrtausende prägten. Der Buddhismus rückte in der späten Han-Zeit (25 n. Chr. – 220 n. Chr.) von Indien ins Reich der Mitte vor und wurde zur dritten kulturprägenden Kraft.

Der Taoismus deutet den Rhythmus des Universums, dem der Mensch sich anpassen soll. Der Konfuzianismus beschäftigt sich mit der Stellung des Menschen in der Gesellschaft und gibt einen Verhaltenskodex vor; der Buddhismus stellt den Menschen in den Mittelpunkt und weist ihm den Weg zur Erlösung vom Leiden bis hin zur Erleuchtung.

Der Taoismus ist mystisch, der Konfuzianismus praktisch und der Buddhismus spirituell.

China gehört zu den ältesten Zivilisationen der Erde. Den Urkaisern sollen die himmlischen Kaiser vorausgegangen sein. Belege für diese Annahmen gibt es nicht.

Die legendäre Vorzeit (Die Zeitangaben variieren je nach Quelle.)

6. – 4. Jahrtausend v. Chr.: Yangshao-Kultur

Spuren dieser neolithischen Kultur findet man in Zentral- und Nordchina, am Mittellauf des Gelben Flusses und an seinen Nebenflüssen. Die Menschen wurden sesshaft und stellten schwarz und rot bemalte Keramik her.

Alte Siedlung: Banpo bei Xi'an

Etwa 3200 – 1850 v. Chr.: Longshan- und Shandong-Kultur

Sie überlagerte die Yangshao-Kultur. Die Töpfer erfanden die Töpferscheibe und stellten schwarze oder graue Keramik her, dünnwandig wie Eierschalen.

Longshan heißt Drachenberg, er ragt in der Provinz Shandong auf.

Die Zeiten der drei Erhabenen und die Zeiten der fünf Kaiser brachen an. Um diese mythischen Gestalten ranken sich Geschichten und Legenden. Das Feuer wurde entdeckt, ebenso die Heilkraft der Medizin. Die ersten Schriftzeichen und ein Kalender entstanden. Die Gemahlin eines Kaisers führte die Seidenraupenkultur ein.

Etwa 2100 – 1600 v. Chr.: Xia-Dynastie

Mit Yu dem Großen begann die sagenhafte Xia-Dynastie. Er baute Bewässerungssysteme und Dämme, um die Fluten des Gelben Flusses zu bändigen. Der letzte König der Xia-Dynastie, König Jie, ging als grausamer Herrscher in die Geschichte ein. König Tang, Begründer der Shang-Dynastie, bezwang ihn, setzte ihn und seine Gemahlin Meixi in einem Boot aus und der Himmel verschlang das Paar.

Die Geschichten der Xia-Zeit wurden 1000 Jahre lang mündlich überliefert und erst dann aufgeschrieben.

1600 – 1100 v. Chr.: Shang-Dynastie

Diese Dynastie hinterließ die ersten schriftlichen Belege: Archäologen fanden 100 000 Orakelknochen. Die eingeritzten Schriftzeichen auf Reh- und

Ochsenknochen und auf Schildkrötenpanzern waren die Bausteine der noch heute gültigen chinesischen Schrift. Mit den von Priestern eingravierten Zeichen sollte die Welt der Geister angerufen werden. Aus dieser Praxis sollte einmal das »Buch der Wandlungen« entstehen, das »I Ging«, das die Kosmologie und Philosophie des alten China enthält.

Die Herrscher der Shang-Dynastie wurden mit großem Pomp begraben. Man legte ihnen Grabschätze, Bronzegefäße und Keramik, bei. Archäologen fanden mit Holzrädern ausgestattete Streitwagen und modellierte Pferde in den Grabkammern. Es soll Menschenopfer gegeben haben.

1122 – 221 v. Chr.: Zhou-Dynastie

Die Zhou kamen aus dem Westen und eroberten das Land der Shang. Ihre Hauptgottheit war der Himmel: »Tian«, und der Kaiser war ein Herrscher von »Himmels Gnaden«.

Erste Chroniken, der Beginn akkurater Geschichtsschreibung, tauchten auf.

Das Schreiben mit Pinsel und Tinte auf Bambus und Holzblöcken wurde verfeinert.

Stadien der chinesischen Geschichte, die sich teilweise überschneiden:

Westliche Zhou-Dynastie (1122 – 770 v. Chr.)

Hauptstadt: Zongzhou/Hao

Östliche Zhou-Dynastie (770 – 256 v. Chr.)

Hauptstadt: Chengzhou bei Luoyang

Periode der Frühlings- und Herbstannalen (770 – 476 v. Chr.)

Der von Ochsen gezogene Pflug wurde erfunden, künstliche Bewässerungsgräben wurden angelegt und man benutzte Eisenwerkzeuge.

Die großen Philosophen Laotse (6. Jahrhundert) und Konfuzius (551 – 479 v. Chr.) bewirkten einen geistigen Wandel, der die Gesellschaft neu ordnete. Laotse begründete den Taoismus, Konfuzius legte mit seiner Sittenlehre die Beziehungen der Menschen zueinander fest.

Zeit der Streitenden Reiche (476 – 221 v. Chr.)

Blütezeit der chinesischen Philosophie: Mozi (470 - ?391 v. Chr.), ein Idealist, sprach von der universalen Liebe: »Der Mensch ist von Natur aus gut«. Mencius (372 – ?289) vertrat die Lehre des Konfuzius. Zhuangzi (gest. 300 v. Chr.), der große chinesische Philosoph, beschäftigte sich mit den Ideen des Taoismus und deutete sie. Xunzi (300 – 237 v. Chr.) ist ein Vertreter der

Lehren des Konfuzius. Han Fei Zi (gest. 233 v. Chr,) vertrat die Schule des Gesetzes. Er befürwortete die drastische Strafe: »Der Mensch ist von Natur aus böse.«

Chronik der Kaiserdynastien

221 – 206 v. Chr.: Qin-Dynastie

Hauptstadt: Xianyang (Xi'an)

Qin Shihuangdi vereinte sieben Königreiche zu einem Imperium. Er war ein Tyrann und zwang die Bauern zu Fronarbeiten an der Großen Mauer. Er ließ Straßen und Kanäle bauen. 213 v. Chr. fand eine von ihm angeordnete große Bücherverbrennung statt, denn der Herrscher vertrug nicht die geringste Kritik. Er führte eine einheitliche Schrift und Währung ein. Die ersten chinesischen Münzen wurden geprägt, die Maße von Längen und Gewichten festgelegt, die Achsenbreite der Wagen bestimmt. Die damalige Reform der Schrift hat sich bis heute in den Grundzügen erhalten. Der erste Kaiser der Geschichte ließ die überlebensgroße, berühmt gewordene Terrakottaarmee modellieren, die sein kaiserliches Grab bewacht und deren Besuch heute in keinem Reiseprogramm fehlt.

206 v. Chr. – 220 n. Chr.: Han-Dynastie

Hauptstadt: Chang'an (Xi'an)

Die Bauern wehrten sich gegen die Unterdrückung und stürzten den Qin-Kaiser. Das Reich wurde zentralisiert und in Provinzen aufgeteilt. Durch Eroberungszüge dehnte sich das Land nach allen Seiten hin aus bis hinunter nach Kanton und Yunnan. Kaiser Wudi (141 v. Chr. – 87 v. Chr.) schlug im Jahr 121 die Hunnen im Nordwesten und beherrschte das gesamte Tarim-Becken im Nordwesten Chinas bis über den Pamir hinaus. Der Handel über die Seidenstraße blühte auf und reichte bis hin zum Römischen Reich.

Der Konfuzianismus wurde unter Wudi zur Staatsreligion ernannt.

Der Historiker Sima Qian war der Verfasser des »Shiji«, eines Geschichtsbuchs, das die Geschichte Chinas bis zum legendären Ur-Kaiser Huang Di zurückverfolgte. Huang Di, der Gelbe Kaiser, eine mythische Gestalt, soll von 2696 – 2598 v. Chr. gelebt haben.

23/25 – 220: Späte Han

Hauptstadt: Luoyang

Die Bauern hungerten und konnten die Steuerlast nicht mehr aufbringen. 17. n. Chr. rebellierte der Bund »Rote Augenbrauen«. Liu Xiu, später Kaiser Guang-Wudi genannt, ging als Sieger aus diesen Wirren hervor. Er ließ das Land neu vermessen und gab die Sklaven frei.

In den Randgebieten des Reiches wurden einige Volksgruppen abtrünnig. General Ban Chao eroberte sie zurück. 73 n. Chr. kontrollierte er das gesamte Tarim-Becken im Nordwesten. Über das Tian-Gebirge (Tian Shan) drang er bis zum Kaspischen Meer vor. Im Jahr 102 kehrte er erfolgreich zurück.

Um 105 n. Chr. wurde das Papier erfunden. Der Mathematiker und Astronom Zhang Heng erfand den Seismografen. Indische Mönche brachten den Buddhismus ins Land und es entstand die erste buddhistische Gemeinschaft in China.

222 – 581: Periode der sechs Dynastien

Eine Periode der Feindschaft und des Niedergangs folgte auf die glorreiche Zeit der Han. Das Reich zerfiel in drei Teile. Sie bekämpften sich, bis man sich unter der **Jin-Dynastie (265 – 420)** erneut vereinigte. Ab 366 baute man die Mogao-Grotten in Dunhuang.

420 – 581: Nördliche und Südliche Dynastie

Das Reich zerbrach in zwei Teile, im Norden herrschten die Fremden aus der Steppe, im Süden walteten chinesische Aristokraten.

Die ersten Yungang-Grotten bei Datong und die Longmen-Grotten bei Luoyang entstanden.

581 – 618: Sui-Dynastie

Hauptstadt: Chang'an (Xi'an)

General Yang Jian vereinte das Reich und ernannte sich zum Kaiser Wendi, gefolgt von seinem Sohn, Kaiser Yangdi. Landreformen sorgten für eine gerechtere Verteilung, der Kaiserkanal wurde ausgebaut, die Große Mauer nach Westen hin verlängert. Kaiser Yangdi scheiterte an Überschwemmungen und Hungersnöten, General Li Yuan ergriff die Macht und gründete die Tang-Dynastie.

Eine schriftliche Prüfung für Kandidaten der Beamtenlaufbahn wurde eingeführt.

618 – 907: Tang-Dynastie

Hauptstadt: Chang'an (Xi'an)

Der zweite Kaiser, Taizong, besiegte die Osttürken, Handel und Gedanken-austausch entlang der Seidenstraße bis ins Morgenland waren die Folge. Es gab Kontakte zu Indien, Korea, Vietnam, Indonesien und Innerasien.

Unter Kaiser Xuanzong (Regierungszeit 713 – 756) brach das Goldene Zeit-alter an, eine Zeit des Friedens, der wirtschaftlichen und kulturellen Blüte. Die Lehren des Taoismus, des Konfuzius und des Buddhismus wurden ge-fördert. Das erste im Blockdruck hergestellte Buch, eine buddhistische Sutra, wurde bekannt.

Der Aufstand des Huang Chao in den Jahren 876 – 884 war das Ende der Tang-Dynastie.

907 – 979: Fünf Dynastien und zehn Königreiche

General Zhao Kuangyin beendete die Zeit der Zersplitterung, gründete die Song-Dynastie und wurde in Kaifeng zum Kaiser ernannt. 979 hatte er alle Gebiete zurückerobert.

960 – 1279: Song-Dynastie

Hauptstädte: Kaifeng, 960 – 1126, Hangzhou, 1126 – 1279

Die Jurchen aus dem Norden, die man später Mandschuren nannte, eroberten Nordchina und verschleppten die Kaiserfamilie in die Mandschurei. Prinz Gaozong entkam und bildete die Südliche Song-Dynastie mit der Hauptstadt Hangzhou.

Papiergeld und der Kompass wurden eingeführt, der Buch- und Blockdruck erweitert. 1041 entstand der erste Druck mit beweglichen Buchstaben, rund 400 Jahre vor der Zeit Gutenbergs.

1279 – 1368: Yuan-Dynastie

Hauptstadt: Dadu (Peking)

Die Mongolen kamen. Kubilay Khan, der Enkel des Dschingis Khan, grün-dete die Yuan-Dynastie, die fast 90 Jahre lang die Geschicke Chinas lenkte. Er setzte Mongolen in die höchsten Ämter ein und die Chinesen hatten nicht mehr viel zu sagen. Die Chinesen rebellierten und stürzten schließlich die Yuan-Dynastie.

Der venezianische Kaufmann Marco Polo war Gast am Hof und trat in den Dienst Kubilay Khans.

1368 – 1644: Ming-Dynastie

Hauptstadt: Nanjing, ab 1421 Peking, »Die Verbotene Stadt«

Zhou Yuanzhang, ein Mann aus dem Volk, wurde der erste Kaiser der Ming-Dynastie. Später nannte man ihn Ming Taizu, Großer Ahnherr der Ming. 1387 hatte er das Reich wieder vereint und die Mongolen endgültig vertrieben. In Peking entstand der Kaiserpalast, die Große Mauer wurde ausgebaut und das feine, weiße Porzellan der Ming bis nach Spanien verkauft.

Zheng He unternahm sieben große maritime Expeditionen und drang bis Ostafrika und Arabien vor. Die Portugiesen errichteten ihre eigene Handelsniederlassung auf Macao. Die Missionstätigkeit der Jesuiten begann. Berühmt wurde der Italiener Matteo Ricci, ein Gelehrter, der naturwissenschaftliche Werke ins Chinesische übersetzte und die konfuzianischen Klassiker ins Lateinische.

1644 – 1911: Qing-Dynastie

Die Mandschuren aus dem Nordosten fielen ein, eroberten in rund 30 Jahren das chinesische Reich und der letzte Ming-Kaiser erhängte sich auf dem Kohlehügel hinter der Verbotenen Stadt. Im Laufe der Zeit gewannen chinesische Beamte Einfluss auf den Kaiser, da das Verbot der Mischehe missachtet wurde und Chinesen Mandschuren heirateten und umgekehrt.

Kaiser Kang Xi (1611 – 1722) befriedete die rebellischen Küstenstriche, eroberte Taiwan und errichtete ein Protektorat über Tibet. Er führte das alte chinesische Prüfungssystem wieder ein und förderte den Konfuzianismus, um die Chinesen an sich zu binden. Er war ein großer Förderer von Kunst und Wissenschaft.

Die britische East India Company hatte das Opiummonopol inne und nutzte es aggressiv aus, auch als China 1800 die Opiumeinfuhr verbot. 1840 – 1842 kam es zum ersten Opiumkrieg, den China verlor. China trat Hongkong an die Briten ab und musste fünf Häfen für den Opiumhandel öffnen.

1873 erreichte der Opiumimport seinen Höhepunkt.

Von 1850 – 1864 fand der Taiping-Aufstand statt, einer der schlimmsten Bürgerkriege Chinas, der 20 Millionen Opfer forderte: Xong Xiuquan gründete eine christlich ausgerichtete Sekte, die den Kaiser stürzen wollte. Er rief das Taiping-Königreich aus. Bei der Eroberung Nanjings allein kamen 30 000 kaiserliche Soldaten und Tausende Zivilisten um. Mit britischer und französischer Hilfe wurde der Aufstand 1864 niedergeschlagen.

1856 – 1860 entbrannte der zweite Opiumkrieg zwischen Chinesen, Briten und Franzosen. Die ausländischen Truppen plünderten Peking und zerstörten den alten Sommerpalast.

1897 annektierte Deutschland das Gebiet rund um Qingdao in der Provinz Shandong, die Briten und Franzosen besetzten andere chinesische Gebiete.

1900 begann der Boxeraufstand der Chinesen gegen Ausländer und Christen und der Botschafter Clemens von Ketteler wurde in Peking auf offener Straße erschossen. Europa – das Deutsche Reich, Frankreich, Großbritannien, Italien, Österreich-Ungarn, Russland – Japan und die USA bildeten eine Allianz und kämpften ohne Kriegserklärung gegen die kaiserlichen Truppen. Die Boxer unterstützten den Kampf gegen die Imperialisten. Russland marschierte in die Mandschurei ein. Die Interventionstruppen plünderten, mordeten und vergewaltigten. Sie behielten die Oberhand und stellten am Ende die Bedingungen: Unter anderem musste sich der Vater des letzten chinesischen Kaisers auf demütigende Art und Weise persönlich bei Wilhelm II. in Berlin entschuldigen.

Die traditionellen Staatsprüfungen für Beamte wurden abgeschafft.

10. Oktober 1911: Die Revolte der kaiserlichen Armee in Wuchang beendete die Herrschaft der Kaiserdynastien, das imperiale China zerbrach. Im Februar 1912 trat der letzte Kaiser, der sechsjährige Kaiser Pu Yi, zurück. Sun Yat-sen gründete die Nationalpartei, die Kuomintang, und wurde der erste Präsident einer provisorischen Republik.

Die »Dynastien« der Neuzeit

Mao Zedong – der Weg zur Republik und zum kommunistischen China

Mao Zedong (1893 – 1976) wurde als ältester Sohn einer Bauernfamilie in Shaoshan in der Provinz Hunan geboren. 1921 war er der Mitbegründer der Kommunistischen Partei und kämpfte 30 Jahre lang für ihren Sieg, bis er am 1. Oktober 1949, am Ziel angelangt, die Volksrepublik China ausrief.

Als Vorsitzender der Kommunistischen Partei lenkte er für weitere 27 Jahre die Geschicke des Landes. Obwohl unter seiner Diktatur mehr als zehn Millionen Menschen umkamen und er das Land in den wirtschaftlichen Ruin trieb, stieg er zur Kultfigur auf, zur Sonne, die im Osten aufgeht. Bis heute wird er anerkannt. Die Jugend rund um die Welt ließ sich blenden und hielt die

»Mao-Bibel« hoch, das »Rote Buch«, eine Sammlung der Zitate Maos, der sich auf Marx, Engels und Lenin berief, auf die Ideen einer epochemachenden Ideologie, die aus dem Westen kam.

1921: Gründung der Kommunistischen Partei

Die Kommunisten der ersten Stunde waren Idealisten, die von einer besseren Gesellschaft träumten. Die verarmte Landbevölkerung strömte ihnen zu.

1934/1935: Der Lange Marsch

Chian Kai-shek führte die Kuomintang an und verfolgte die Kommunisten aufs Schärfste. Mao und seine Genossen flüchteten nach Yan'an in der Provinz Shaanxi und legten dabei insgesamt 12 000 Kilometer zurück. Mao wollte seinen Guerillakrieg mithilfe der Bauern gewinnen.

Mehr als 100 000 Kommunisten begannen den Langen Marsch, weniger als 10 000 von ihnen überlebten die Strapazen.

1937 – 1945: Chinesisch-japanischer Krieg

Kommunisten und Kuomintang schlossen sich zusammen, doch nach der Kapitulation Japans 1945 setzte sich der Bürgerkrieg fort. Chian Kai-shek unterlag und ging mit seinen Gefolgsleuten nach Taiwan.

1. Oktober 1949: Mao Zedong ruft die Volksrepublik China aus.

Nach jahrelangen Kämpfen gegen die Truppen der Kuomintang und gegen ausländische Mächte war China unter Mao Zedong neu vereint. Mao wurde begeistert gefeiert.

Sofort begann er mit seiner Landreform, enteignete die Großgrundbesitzer, die in Arbeitslager gesteckt oder von der Dorfbevölkerung gesteinigt und totgeschlagen wurden. Er verteilte das Land neu. Mit Säuberungskampagnen wurden Menschen terrorisiert. Privatbesitz war kaum erlaubt.

1956 – 1957: Kampagne der »Hundert-Blumen-Bewegung«

Das Volk sollte sich kritisch äußern und tat es in Zeitungen, auf Plakaten und Wandzeitungen. Als die Kritik zu heftig wurde, wurde die Kampagne gestoppt. Mao nahm Rache: Etwa 300 000 der Kritiker wurden in Arbeitslager gesteckt, gequält und gedemütigt.

1958 – 1961: Der »Große Sprung nach vorn«

Mao strebte eine erhöhte Stahlproduktion an und träumte von einem industriellen Land. Er spannte das Volk ein, auch die Bauern: In kleinen, uneffektiven Eisenhütten verarbeiteten die Kommunen Eisenerz und schmolzen alle Metallgegenstände ein, die sie in ihren Häusern auftreiben konnten. Die Felder lagen brach. Eine Hungersnot war die Folge, die 20 – 40 Millionen Menschenleben kostete. Mao Zedong trat zurück, blieb aber der Erste Parteivorsitzende, Deng Xiaoping gewann an Einfluss.

1966: Herausgabe der »Mao-Bibel«

Das »Kleine Rote Buch« enthielt Zitate Maos und fand bei Jugendlichen rund um die Welt Anklang.

1966 – 1976: Kulturrevolution

Sie richtete sich gegen alles Althergebrachte und zielte auf den neuen Menschen in der kommunistischen Gesellschaft. Die eigene Kultur sollte mit Stumpf und Stiel ausgerottet werden.

Studenten und Schüler stürzten ihre Professoren und Lehrer, schlugen und demütigten sie. Die Rote Garde formierte sich und wurde von Mao unterstützt. Die Kampagne richtete sich gegen Intellektuelle, die Vertreter der verhassten Bourgeoisie. Die Rote Garde zerstörte Bibliotheken, Tempel, Klöster, Kirchen und Moscheen und verbrannte Bücher. Schulen waren drei Jahre lang geschlossen, Universitäten sogar vier. Bei den Säuberungsaktionen und den sich bekämpfenden verschiedenen Gruppierungen kamen etwa sieben Millionen Menschen um.

1968 schickt man circa zehn Millionen Schüler und Studenten aufs Land, damit sie lernten, auf den Feldern zu arbeiten. Die körperliche Arbeit zählte, nicht die geistige.

1969 wurde die Kulturrevolution offiziell beendet, nachdem die Volksbefreiungsarmee die Rotgardisten, die sich gegenseitig bekämpften, niedergeschlagen hatte. Erst nach Maos Tod 1976 wurde die Viererbande, zu der auch die Frau Maos, Jiang Qing, gehörte, für die Gräueltaten verantwortlich gemacht und verurteilt. Die chinesische Führung hatte die Schuldigen für die katastrophalen Folgen der Kulturrevolution gefunden. Die Rotgardisten wurden nicht zur Rechenschaft gezogen.

Maos Wirken wird bis heute zu siebzig Prozent in positivem Licht gesehen. Die Verdammung Maos käme wahrscheinlich der eigenen gleich. Maos Frau wurde zum Tode verurteilt und später zu einer lebenslangen Haftstrafe begnadigt.

Deng Xiaoping und die Öffnung zum Westen

Deng Xiaoping (1904 – 1997) wurde in Sichuan geboren und lenkte das kommunistische China nach Maos Tod für fast zwei Jahrzehnte. Mit einer Gruppe junger Chinesen ging er als 16-Jähriger nach Frankreich und besuchte in Bayeux ein Gymnasium. Als die Stiftung, die ihm den Frankreichaufenthalt ermöglichte, pleiteging, arbeitete Deng in Stahlwerken am Fließband und schlug sich mühsam durch. Er beschäftigte sich mit den Ideen des Marxismus. 1926 ging er nach Moskau, um an der Sun-Yat-sen-Universität zu studieren. Nach China zurückgekehrt, arbeitete er in Wuhan für die Parteizentrale der Kommunisten.

1929 kontrollierte die Kuomintang fast ganz China. Die Kommunisten begannen 1934 den legendären Langen Marsch. Deng zählte zu den Wenigen, die die Strapazen überlebten.

1952 holte man Deng Xiaoping nach Peking, wo er in der Partei schnell aufstieg. Während des »Großen Sprungs nach vorn« war er die rechte Hand Mao Zedongs und unterstützte ihn in seinem Größenwahn, die Stahlproduktion anzukurbeln, um als Industriemacht eine führende Rolle in der Welt zu spielen. Die Kampagne endete im Desaster einer Hungersnot.

In einigen Landstrichen erhielten die Bauern ein Stück Land zurück, um es privat zu bewirtschaften – gegen den Willen Maos. Deng Xiaoping eckte mit seinem in die Geschichte eingegangenen Leitsatz bei Mao an: »Privatbesitz muss erlaubt sein. Egal, ob die Katze weiß oder schwarz ist, Hauptsache, sie fängt Mäuse.« Das sagte er 1962. 1966, als die Kulturrevolution und die Hexenjagd der Rotgardisten auf alle »Rechtsabweichler« begannen, wurde er als »kapitalistische Katze« verbannt, seine Kinder wurden verhaftet, gefoltert und gedemütigt.

Mao Zedong berief diesen intelligenten und organisatorisch begabten Mann, der sich mehrfach für seinen Ausspruch entschuldigte, 1973 erneut nach Peking. Ein zweites Mal verlor Deng Xiaoping für kurze Zeit seine Ämter nach seiner Meinungsäußerung, Produktion komme vor Revolution und nicht umgekehrt.

Nach Maos Tod stieg Deng Xiaoping zum Führer Chinas auf und behielt die Fäden auch in der Hand, als er aus Altersgründen zurücktrat. Er verurteilte die Kulturrevolution und die Kampagnen gegen die sogenannten Rechten. Er schaffte die Volkskommunen ab, verpachtete Parzellen an die Bauern und ließ ihnen bei der Bewirtschaftung der Felder freie Hand. Die Bauern mussten von jetzt an Steuern zahlen.

1979 bereits richtete er Sonderwirtschaftszonen ein. Er befürwortete den Import neuer Technologien aus dem Ausland und den Export chinesischer Produkte. Joint Ventures bahnten sich an. In diesen Sonderzonen entstand ein freies Unternehmertum. Es bildeten sich kapitalistische Inseln in einem wirtschaftlich aufstrebenden Land. Deng reiste in die USA, besuchte Jimmy Carter und hoffte auf Kapital für seine Projekte.

1984 unterzeichnete er einen Vertrag, der die Übergabe der britischen Kronkolonie Hongkong an China 1997 regeln sollte, unter dem Motto: Ein Land und zwei Systeme – Hongkong wurde zur Sonderzone erklärt, sollte sich selbst verwalten und sein kapitalistisches Wirtschaftssystem beibehalten dürfen.

Ab **1986** wurden die staatlichen Betriebe in den Städten privatisiert. Die Menschen mussten sich selbst um Arbeit bemühen, die »eiserne Schüssel Reis«, eine Jobgarantie, die für die Arbeiter in staatlichen Betrieben ein Leben lang galt, entfiel – eine Herausforderung für viele Menschen, die an ein selbstständiges Leben nicht gewöhnt waren.

Das Verdienst Deng Xiaopings, des großen Pragmatikers, ist die Überwindung der wirtschaftlichen Misere in einem Riesenreich. Das Wirtschaftswachstum Chinas war ab 1986 eines der höchsten der Welt. Ein Milliardenvolk hatte genug zu essen, der Wohlstand wuchs. Probleme blieben trotzdem nicht aus: Der Lebensstandard zwischen Land- und Stadtbevölkerung, zwischen Menschen in den Ostprovinzen und denen in den Westprovinzen klaffte immer weiter auseinander, die Kluft zwischen Arm und Reich wuchs und wächst. Von einer egalitären Gesellschaft, wie sie Mao Zedong vorschwebte, kann nicht die Rede sein.

1988 wurden die staatlich verordneten Preisbindungen aufgehoben. Die Lebensmittelpreise stiegen um dreißig bis sechzig Prozent. Zusätzlich zur Inflation gab es Dürren in der Landwirtschaft und Überschwemmungen, ein hartes Jahr für das Volk, vielleicht ein Mitauslöser für die Demonstrationen auf dem Tiananmen Square, die mit einem Massaker endeten:

Am **15. April 1989** versammelten sich Pekinger Studenten und Professoren auf dem Tiananmen Square und trauerten um den verstorbenen Politiker Hu Yaobang, den Hoffnungsträger für politisch-liberale Reformen, der in Ungnade gefallen war und sein Amt verloren hatte. Die Studenten hatten nicht die

Absicht, die Regierung zu stürzen, sondern sie wünschten die Rehabilitation Hu Yaobangs. Zudem forderten sie Gedanken- und Pressefreiheit, das Recht zu demonstrieren, den Ausbau des Bildungssystems und die Bekämpfung der Korruption. Sie riefen die führenden Politiker zu einem Dialog auf.

Am 13. Mai, knapp einen Monat später, traten viele Studenten in den Hungerstreik, nachdem ihre Forderungen ohne Resonanz geblieben waren. Eine Million Bürger unterstützte sie mittlerweile. Am 17. Mai kam Michail Gorbatschow zu Besuch. An diesem Tag schritt die Armee drohend, aber unbewaffnet in die Stadt, woraufhin die Bürger Blockaden errichteten, um das Vordringen der Soldaten zu verhindern:»Die Studenten sind unsere Kinder!« Die pro-demokratischen Demonstrationen weiteten sich auf andere Städte Chinas aus. In Washington, London, Paris und Tokio gingen die Menschen auf die Straße. Die Pekinger Kunststudenten stellten eine von ihnen modellierte Statue auf, die»Göttin der Demokratie«.

Die Angst vor chaotischen Zuständen im Land, vor Instabilität, Macht- und Kontrollverlust drängte Deng Xiaoping zu dem unseligen Schritt, den die Welt nicht vergisst und nicht verzeiht: In der Nacht vom 3. auf den 4. Juni – nach siebenwöchigem Streik – rollten Panzer auf den»Platz des Himmlischen Friedens« und erstickten die Demonstrationen in einem Blutbad, das etwa 300 Soldaten und Polizisten und 2000 bis 3000 Zivilisten das Leben kostete. (Die Zahlenangaben variieren je nach Quelle!). Bulldozer schoben die Leichenberge zusammen. Die Soldaten der 27. Armee übergossen die Toten mit Benzin und verbrannten sie. Die Bürger waren wie gelähmt. Totenstille umfing Peking.

Die Partei, ein Ungeheuer, hatte gesiegt, in den Augen des Volkes jedoch moralisch versagt. Sie hatte auf ihre»eigenen Kinder« geschossen und Deng Xiaoping, ein fähiger Staatsmann und Visionär, der den ökonomischen Aufschwung seines Landes als»kapitalistische Katze« herbeigeführt und China aus der Isolation gerissen hatte, hatte sein Gesicht verloren, ein für alle Mal!

Trotz der wirtschaftlichen Reformen blieb Deng Xiaoping bis an sein Lebensende ein erzkonservativer Kommunist.»Bereichert euch, wie es euch gefällt, aber bedenkt eure Grenzen«, soll er gesagt haben. In Europa brach der Kommunismus zusammen, in China blieb er bestehen und ein Strukturwandel auf politischer Ebene ist bis heute nicht erkennbar.

Auf wirtschaftlicher Ebene ist klar, wohin das Land strebt: In großen Städten ragen Wolkenkratzer auf, Konsumpaläste glänzen, chinesische Produkte werden in alle Welt verkauft. 1990 begann Shanghai mit dem Aufbau des Stadtteils Pudong und errichtete ein Wirtschafts- und Finanzzentrum mit einer Technologie auf höchstem Niveau. Der Jin-Mao-Tower ist 421 Meter hoch, der Fernsehturm mit 468 Metern der höchste Chinas, seit August 2008 überragt das Shanghai World Financial Center mit 492 Metern den Wald der Wolkenkratzer in Pudong. Die Magnetschwebebahn »Transrapid«, ein deutsches Produkt, legt seit 2002 die 30 Kilometer lange Strecke vom Flughafen nach Pudong in sieben Minuten und 18 Sekunden zurück.

China ist ein kapitalistisches Land unter einem kommunistischen Regime. Das wirtschaftliche Handeln steht im Widerspruch zum politischen Denken. Das ist der chinesische Weg.

Schreibweisen

Provinzen:

Gansu	Kansu
Guangdong	Kwangtung
Heilongjiang	Heilungchiang
Shaanxi	Shensi
Shandong	Shantung
Shanxi	Shansi
Sichuan	Szech`uan, Szechwan
Tibet	Xizang Zizhiqu
Xinjiang	Sinkiang
Yunnan	Yünnan

Städte:

Chengdu	Ch`engtu
Chongqing	Chungking
Hangzhou	Hangchow
Hongkong	Xianggang
Kaifeng	K`aifeng
Kanton	Canton, Guangzhou
Kunming	K`unming
Lanzhou	Lanchou
Luoyang	Loyang
Macao	Aumen
Nanjing	Nanking
Peking	Beijing
Qingdao	Ch`ingtao, Tsingtao
Taiyuan	T`aiyuan
Tianjin	Tientsin
Xi`an	Xian, Sian, His-an, Ch`angan
Xiamen	Hsiamen, Amoy

Literaturhinweise

Baqué, Egbert, China, Hamburg 1987
Chang, Eileen, Das Reispflanzerlied, Berlin 2011
Chao-Hsiu Chen, Das I Ging der Antworten, Berlin 2006
Chao-Hsiu Chen, Tao Te King, Berlin 2005
David-Néel, Alexandra, Mein Weg durch Himmel und Hölle, München 1995
DuMont Kunstreiseführer, China, Köln 2000
DuMont Kunstreiseführer, Seidenstraße, Köln 2001
DuMont Kunstreiseführer, Tibet, Köln 2001
Gradnitzer/Maeritz, China, München 1996
Harrer, Heinrich, Sieben Jahre in Tibet, Berlin 1997
Harrer, Heinrich, Wiedersehen mit Tibet, Innsbruck 1999
Jung Chang, Wilde Schwäne, München 2004
Laotse, Tao te king, München 1978
Ma Yin, China`s Minority Nationalities, Beijing 1994
Morton, W. Scott, China, New York 1995
Rosendorfer, Herbert, Briefe in die chinesische Vergangenheit, München 2009
Scarpari, Maurizio, Das antike China, Köln 2001
Steckel, Helmut, China im Widerspruch, Hamburg 1987
Terzani, Angela, Chinesische Jahre, Hamburg 1986
Terzani, Tiziano, Asien, mein Leben, München 2008
Theroux, Paul, Das chinesische Abenteuer, Düsseldorf 1989
Wickert, Erwin, China von innen gesehen, Buch-Nr. 030841, Gütersloh
Wilhelm, Richard, I Ging, Köln 1982
Yutang, Lin, Schatzkammer Peking, Frankfurt 1963
Zhuangzi, Das Buch der Spontaneität, Zürich 2008

Dank

Mein Dank gilt Brunhilde Hester und Carmen Schäffer. Sie berichtigten das Manuskript und machten viele Verbesserungsvorschläge.

Isa Shikorsky aus Köln (www.stilistico.de) übernahm das Lektorat. Sie überarbeitete den Text und machte wichtige Änderungsvorschläge, die ich dankbar beherzigte.

Mein besonderer Dank gilt den chinesischen Menschen, die mir in einem Land, das touristisch kaum erschlossen war, weiterhalfen. Ich traf sie in Hotels, in Amtsstuben, auf der Straße, in Bahnhöfen, Zügen und Bussen. Sie waren freundlich und empathisch. Die chinesische Gastfreundschaft, die ich erfahren durfte, war manchmal überwältigend.

Mechthild Venjakob

Buddhistische Heiligtümer in Asien
Die Ausbreitung einer uralten Lehre

Entdecken Sie buddhistische Klöster, Schreine, Berge, Höhlen und Seen in zehn Ländern Asiens.
Die Autorin hat alle im Buch vorgestellten Orte in drei Jahrzehnten selbst besucht und fotografiert. Passend zum Besuch einer heiligen Stätte stellt sie die Inhalte der buddhistischen Lehre kurz und prägnant dar. Persönliches Erleben verbindet sie mit der Geschichte und Religion der Länder. Ihre Fotografien fangen die Schönheit der Plätze und Landschaften ein.

Tauchen Sie ein in die Welt des Buddhismus und in die Denkart der Menschen!

www.asienreise-indien-china.com